卓越服务

使客户服务从平庸到卓越的7个简单方法

[美]

史蒂夫·科廷

（Steve Curtin）

著

王玉婷

译

U0125899

机械工业出版社

CHINA MACHINE PRESS

图书在版编目（CIP）数据

卓越服务：使客户服务从平庸到卓越的 7 个简单方法 /（美）史蒂夫·科廷（Steve Curtin）著；王玉婷译 . —北京：机械工业出版社，2022.11（2024.6 重印）

书名原文：Delight Your Customers: 7 Simple Ways to Raise Your Customer Service from Ordinary to Extraordinary

ISBN 978-7-111-72023-2

Ⅰ. ①卓…　Ⅱ. ①史…　②王…　Ⅲ. ①商业服务　Ⅳ. ① F719.0

中国版本图书馆 CIP 数据核字（2022）第 211814 号

北京市版权局著作权合同登记　图字：01-2022-2436 号。

卓越服务
使客户服务从平庸到卓越的 7 个简单方法

出版发行：机械工业出版社（北京市西城区百万庄大街 22 号　邮政编码：100037）

责任编辑：张　楠　　　　　　　　　　　　责任校对：李小宝　　陈　越

印　　刷：固安县铭成印刷有限公司　　　　版　　次：2024 年 6 月第 1 版第 5 次印刷

开　　本：170mm×230mm　1/16　　　　　印　　张：12

书　　号：ISBN 978-7-111-72023-2　　　　定　　价：69.00 元

客服电话：（010）88361066　68326294

版权所有·侵权必究
封底无防伪标均为盗版

几年前，我与一个叫凯伦的英国女士在纽约共事，她曾有一段独特的工作经历。在英国读大学期间，她在一家生产娃娃的工厂生产线上工作。

凯伦的工作就是当那些娃娃的躯干从长长的传送带上经过时给每个娃娃装上头。据她描述，当那些躯干接近时，她就从一个大箱子中拿出一个娃娃的头，砰的一声装在那个躯干上，然后把娃娃的头转到能锁住的位置。每个娃娃都像是最后一个，直到她完成配额或者轮班结束。第二天，她还会继续重复相同的过程：拿出、砰地装上、拧紧……拿出、砰地装上、拧紧……直到这一天结束。我还能回想起凯伦用她那优雅的英国口音描述着她的工作职责："拿出、砰地装上、拧紧……拿出、砰地装上、拧紧……拿出、砰地装上、拧紧……"

直到今天，每当我观察到一个员工仅仅是完成动作，我就会想起凯伦在工厂的工作。我把这种行为称为"工厂心态"（Factory

Mentality）。也许你在服务业从业者身上也见到过这种行为。他们服务客户时的冷漠和事务性的方式是很明显且容易被察觉的。

呆板、缺乏个性、机械化的行为在工厂或仓库的环境下是允许存在的，因为那里没有真正的、活生生的并且会付钱的客户（只要完成某些配额或配送时间表就行）。但在客服工作中，员工的表现必须要有所不同。

本书不会教你如何通过不断地超越客户的期待与需求来赢得他们"哇哦！"的赞赏声，这都不是长久之计。大多数人都不想处处遇到"离谱的"或"言过其实的"客服。在每天的服务环境中，大多数客户只是想要被承认、被欣赏。

本书讲的是如何从小事做起，向客户传达他们很重要，他们的关切很有价值等信息。本书告诉人们打破常规，坚持用一些"额外小事"来给客户留下长久积极的印象。毕竟，平庸与卓越之间的区别就是那么一点"额外"。

本书第一部分通过明确每个员工职责的两个方面和卓越服务的三个要义来为取悦客户做好准备。无论你是服务业新人还是经验丰富的老手，这部分都会拓展你对客户服务职责的界定，并可能会影响你管理客服人员的方式。

第二部分介绍了7种具体的行为，这些行为能够让你立刻提升你所提供的服务质量或影响。这7种提高服务质量并使之从平庸到卓越的简单方式是真实的，使用起来非常简便。这里没有提供剧本或规范性的缩写让员工成为其他人，这些行为鼓励员工将自己做到最好！

第三部分提供了一种全新的思维方式，将对企业最重要的事情和现有的员工职责相结合，以获得卓越的客户服务。这种思维方式是由你的特定组织界定的，应该始终存在，而非靠运气。

通读全书，你会发现本书提及了顾客、委托人、客人、购物者、乘客、病人、会员和更多被服务的群体。无论你如何描述你的客户，哪怕你的客户是职员、业主、小贩或其他利益相关者，本书教给你的知识你都可以学以致用。事实上，我想进一步告诉你，这些知识也同样适用于你个人生活中所服务的"客户"——无论是你的配偶、孩子、朋友、邻居，还是完全的陌生人。

每章都有一个重要观点小结，它可以帮助你将客服质量从平庸提升到卓越，并且还附有一个简单的应用练习。在练习中，你可以记录下更重要的想法，从而将本章所学知识应用到你的工作环境中。

众所周知，我们在日常生活中所体验的客户服务质量往往都很一般（我的评价还算是十分宽宏大量的）。我希望能对提高服务质量有所贡献，这本书就是一个开始。如果想继续这个话题，我邀请您访问我的博客 www.stevecurtin.com/blog，您也可以给我发邮件至 steve@ stevecurtin.com。

愿为您效劳。

史蒂夫·科廷

丹佛，科罗拉多州

2012 年 11 月 1 日

致 谢 | ACKNOWLEDGEMENTS

几年前，我收到了著作代理人米歇尔·斯内尔的一封四句话的电子邮件，并因此开始了一段 18 个月的奇幻之旅，最终完成了这本书。

像大多数探寻未知世界的历险一样，有一群人为我提供指导和达到目标所需的专业知识。如果没有米歇尔几个月来多次提出对本书写作的建议，本书可能还是一本在我脑海中等待出版的作品。

米歇尔找到 AMACOM Books 作为本书的出版商后，我便与资深主编鲍勃·尼尔坎德共事。鲍勃指引方向，为很多混沌的想法理出了一幅清晰的路线图，展现给读者如何更好地服务客户。在我们接近这次旅程的终点时，我们得到了来自副主编吉姆·贝森特和插图画家艾伦·麦克金森的专业支持。

在回顾本书的服务信息时，我要感谢 20 年来在万豪国际集团（Marriott International）与我共事的同人们，是他们定义和展现出了平庸与卓越的区别，他们是：Mark Conklin、Ted Scholz、Susan

Belleville、Jeff Gray、Jean Cohen、Ray Falcone、Victor Aragona、Eileen James、Nancy Curtin Morris、Curt Newport、David Toomey、Brain O'Neill 和后来的 John Barclay。

当然，没有家人的支持这一切是不可能实现的。感谢我们勇敢的保姆兼新秀小说家 Amberle，这一路上发挥着她的审稿才能。同时，感谢我此生的挚爱——Julie 和我们四个出色的孩子，感谢你们在这次旅程中给予我的鼓励。

目　录 | CONTENTS

|||||||||||||||||||||||||||||||||||||||||||||| | 第一部分 | |||||||||||||||||||||||||||||||||||||||||||||||

工作职责 vs 工作本质

| 第二部分 |

7 种简单方式提升客户服务质量

‖‖‖‖‖‖‖‖‖‖‖‖‖‖‖‖‖‖‖‖‖‖‖　│第三部分│　‖‖‖‖‖‖‖‖‖‖‖‖‖‖‖‖‖‖‖‖‖‖‖

将工作本质融于工作职责

| 第一部分 |

工作职责
vs
工作本质

————

第 1 章

卓越服务的三个要义

　　如果你想知道客户服务有多糟糕，那么就去购物。去哪里购物，给谁打电话，浏览哪个网站，几乎都一样。当然也有例外，当想到传奇客服时，就会有一些传说中的企业出现在我们的脑海中：美捷步（Zappos）、迪士尼（Disney）、宾恩（L.L.Bean）、诺德斯特龙（Nordstorm）、丽思卡尔顿（Ritz-Carlton）。尽管公司有其推崇的服务文化，但你所经历的客服体验质量还是取决于你与服务提供商一对一的互动。

　　如果你不是与一家优秀的或尤为关注客户的服务提供商打交道，你就是在与一家平庸的公司或一个在客服方面表现冷漠的员工打交道。

　　在客服研讨班中，我将每个员工的工作角色分为两方面：工作职责（与工作相关的责任或任务）和工作本质（工作重点）。意识到这两方面差异是了解客服质量为何如此糟糕的关键。另外，我也分享了以下所有卓越服务都普遍遵循的三个要义。

第一，卓越服务反映出每个服务行业从业者工作职责的本质——工作中最关键的方面，同时也是最重要的事情。

第二，卓越服务往往是员工自愿的，员工"选择"提供卓越服务。

第三，在大多数情况下，卓越服务并不会比平庸服务花费更多成本，换句话说，这么做是免费的。

意识到问题是关键，人们无法了解自己不知道的事。

在任何企业中，加强员工意识和提高服务质量的第一步就是向员工提出这样一个问题："你能从你的视角给我描述一下你认为你做了什么，以及你的工作需要你做什么吗？"

当在宾馆、购物中心、超市或机场向遇到的工作人员提出这个问题时，我所得到的回答几乎毫无例外都是仅仅适用于他们的工作职责的。

下面是我最近与一位超市职员的对话：

> 我："打扰一下，不介意的话我想问一下你做了什么，以及你的工作需要你做什么？"
>
> 职员："你是公司总部的人吗？"
>
> 我："不，我就是对你做的事感兴趣！"
>
> 职员："哦，我的工作就是清理杂物。不忙的时候，我会回收一下卖场里的购物车，然后清扫卖场。有时我还要检查一下价格和清理漏损货物。就这些。"

他所提及的每个行为都与工作职责有关。员工们几乎不会提及与工作本质相关的行为，但讽刺的是，这才是他们工作的重点。

由此得出了我们的第一个卓越服务要义。

☞ 卓越服务反映出所有服务业从业者的工作本质

员工们总是履行工作职责而几乎不会流露出对工作本质的重视。这是个问题，因为工作本质反映了员工工作中最重要的事情。对于大多数服务型企业的员工来说，最重要的事情就是通过他们的行动创造出"推荐人"。按照贝恩咨询公司（Bain & Company）的说法，推荐人指的是一种客户，他们有较低的价格敏感度、较高的重复购买率，并且对于企业或品牌的正面评价有80%～90%都是通过他们口碑营销的结果。

员工们往往认为工作职责与工作本质是同一回事，是一样的，这常常是雇主们面临的难题。当这种情况发生时，员工们就会变得制式化、重过程，把每个客户都看成最后一个客户，工厂意识就由此产生了。这种实践短期内可能会很有效（员工们可以更快速地接待更多的客户），但从长远的角度看就不起作用了，它不能完成企业最重要的事情：创造推荐人。

思考一下你自己的企业，员工们真正了解他们的工作职责与工作本质之间的区别吗？如果你不确定的话，就问问他们吧，我预感你会碰到茫然的注视。那么，这对你来讲就变成了一次机会，你可以和员工们进行一场有意义的谈话，讨论一下他们要完成的任务与企业最重要的事情之间的区别。

工作职责包括员工的工作常识（他们做什么）和工作技巧（他们如何做）。大多数员工都会意识到他们有责任执行工作职责，并且他们在工作的这一方面很精通。管理者们甚至在睡眠中都能背得出大部分岗位的工作职责。

想一想上文提到的超市职员和他所要承担工作的清单：

√ 清理杂物（工作职责）

√ 回收购物车（工作职责）

√ 清扫卖场（工作职责）

√ 检查价格（工作职责）

√ 清理漏损（工作职责）

注意，这些都属于工作职责，属于与工作角色相关的责任和任务，并没有提及任何关于工作本质的内容。

工作本质反映出员工的工作动机（他们为什么做）。员工们都不大清楚他们工作角色的范围，这主要是由于他们的关注点还在工作职责上。每个员工会受到什么因素的激励（他们人生中独特的目标与视角）超出本书所覆盖的范围（尽管大多数有效率的领导者确实都雇用员工们去收集如下信息：作为独立的个体，是什么激励了他们中的每一个人）。我们的目的只是思考企业最重要的事情：企业为什么存在？企业的目标是什么？企业的员工在实现这个目标的过程中起到什么作用？

例如，美捷步围绕着一个使命结成同盟：使提供最优质的客户服务成为可能。员工所做的一切（从在联络中心接收产品订单、履行订单，到产品回收——如果有需要的话）都在努力使最优质的客户服务成为可能。这是每个美捷步员工工作角色的本质，也影响了员工们所做的每个决定。当员工面临是否对来电客户传达真实的热情或要不要加快运送货物给客户带来惊喜的抉择时，这点显得尤为关键。

我曾在丹佛的一家购物中心工作过，这里将目标定义为"创造'购物中心'的推荐人"。这是一个非常有效的目标陈述或视角，因为它既简单又具体。与美捷步的例子类似，购物中心的每个员工都能理解和记住它。

目标不够清晰的情况也是随处可见，员工们知道做什么、如何做，却不知道为什么要这样做。多数时候，情况就是这样。

当我问五个职位相同的员工他们做什么、怎么做时，80%的回答是类似的。毫不意外，因为员工们仅仅描述了他们的工作职责。尽管如此，当我问这五个员工他们为什么这么做时（从企业的角度），80%的回答却是不同的。

在多数情况下，员工们并不清楚企业的"为什么"。或者说，他们知道这个"为什么"，但是误解或错误地诠释了它。这种不协调的存在有着各种各样的原因，包括缺乏交流、认识、理解、信赖和关心。

例如，企业的目标（它的"为什么"）反映在下述这个观点的陈述中：

> 我们会努力为我们的客户、同事、供应商和其他股东提供
> 卓越的服务，目的是为我们的企业创造更多的推荐人。

这可能是企业"公布"的目标（就是在总经理办公室被制定、被展示的那种，也许是在公司的新招聘方案里被引用的那种），除非它已融入企业文化、政策和实践中，并且被潜移默化地融入企业的领导者日常的言语和行动中，否则它是不可能激励到员工的。

西蒙·斯涅克（Simon Sinek）在他的《从为什么开始》（*Start With Why*）一书中写道：

> 若要激励就要从明确"为什么"开始……当"为什么"清

楚了，分享这一信条的人就会绘制它的蓝图，可能还会加入实现它的旅程中……（最优秀的）企业会给它的员工们指出努力工作的方向。

员工的工作目标是什么？

尽管在我与超市员工的非正式访谈中答案并没有出现，但他们的工作本质可能就是创造超市的推荐人。为了创造推荐人，员工必须在履行工作职责的同时呈现出工作本质。有无数的方法能够实现这个目标，例如：

√ 表达对客户真诚的关心

√ 表现紧迫感

√ 注重细节

√ 预料到客户的需求

√ 对所服务的客户表达出真实的热情

表 1-1 展示了一个超市员工的工作职责和工作本质。

工作职责隐含在工作说明、政策、手续、协议和备忘录中。工作本质反映在员工个性、创造力、热情、激情和独特的天资上。

表 1-1　工作职责 vs 工作本质

工作职责	工作本质
清理杂物	表达对客户真诚的关心
回收购物车	表现紧迫感
清扫卖场	注重细节
检查价格	预料到客户需求
清理漏损	对所服务的客户表达真实的热情

只关注工作职责而忽略工作本质是不行的。例如，除了能拍摄出恰

当的曝光度、光圈和快门速度的高质量照片（工作职责），摄影师在给孩子拍照时表现出的真实的热情（工作本质）会受到大多数父母的感激。

　　缺少了工作职责也不足以表达工作本质。一个外向的宾馆前台接待员主动为一对夫妇升级了高级海景客房（工作本质），从而使他们获得了意外的惊喜。如果她让这对夫妇入住肮脏的房间（工作职责），则只能让他们失望。

　　为了提供卓越的服务和创造推荐人，员工们必须同时展示工作职责和工作本质。我最近光顾了吉米·约翰（Jimmy John）的美食家三明治店（Gourmet Sandwiches），该店强调"奇快"的服务速度。在给我配餐时，服务员说："抱歉，让您久等了。"（工作本质）我笑了。仅仅是他简单地插话就给本来平庸的交易带来了生机。

　　图1-1阐明了为了提供卓越服务和创造企业或品牌的推荐人，同时表现工作职责（知识和技巧）和工作本质（目标，员工在工作中最重要的事）的必要性。

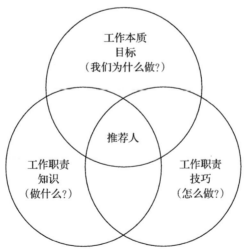

图1-1　三个相互重叠的圆圈论证了工作职责（知识和技巧）和工作本质（目标）

最近，我和休闲快餐餐厅的老板赞恩聊天。在我们的谈话中，他和我讲了为了提高客服质量，他多次面临的难题。

他提到的一件令人沮丧的事是员工总是不能提供优质的客户服务（只有那么一两个"服务明星"例外）。如赞恩所说，当他试图激励员工更努力地为客户服务时，大多数人的回应都是："我已经做了所有我'应该'做的事。"这个回答可能恰恰说出了这家餐厅的客服质量能否提高的关键。

上面提到的抱怨的员工们喜欢强调工作职责的强制性方面，但这是工作角色所必需的，这些职责和任务是主管和客户要求的。这些责任是员工们"应该做的事"。而这种说法缺乏了能够反映工作本质的非要求、非预期的、主动的内容。

多数员工总是执行不得不做的工作职责，往往不能够表现出自发的工作本质（非要求的、非预期的员工们"主动"选择去做的行为）。这就解释了我们都极少遇到卓越服务的原因：因为员工们不是"必须"要这样做，并且大多数人也并没有这样做。

赞恩的员工们总是让热的食物热着、冷的食物冷着（工作职责），却极少向客户表达真诚的关心，或在服务客户的过程中向他们传达真实的热情（工作本质）。这些让赞恩烦恼的员工行为源于一件事，那就是绝大多数的主管都将监管员工的注意力集中在工作职责和与它们相关的工作效率上，并以此来降低成本、提高收益。

在赞恩的餐厅，员工收到反馈并对菜单内容、遵循程序、清理餐厅和其他工作职责负责并不少见。而且员工不太可能每天不仔细检查与工作职责相关的运营指标：各项检查、食品成本、生产力、盈利能力等。这就是管理者需要做的，对吗？

我告诉赞恩我理解工作职责的重要性。我是真的理解。没有它，生意是不可能经营下去的；没有它，卓越服务也是不可能提供的。餐厅里不会有客人想要一份火候不足的主菜，即便它是被微笑着奉上的。但是工作职责只是员工们工作内容的一半，另外一半是工作本质（这经常被员工和主管等忽略），它往往被客户描述为惯例和事务性工作，而这在与大多数员工的交流中是完全缺失的部分。

管理者们必须通过示范、反馈、班前会等形式每天提醒员工们：卓越取决于那些非预期的、自发的行为（员工们选择去做的），而不是预期的、被要求的工作（员工们应该做的）。这些非预期的、自发的行为包括预料到客户的需求、关注细节、表达紧迫感和以下内容。

下面将对卓越服务的第二条要义进行阐述。

☞ 卓越服务都是自发的

思考一下本章前面提到的内容：摄影师"必须"在给孩子们拍照时表达真实的热情吗？当然不是，这是选择性的。宾馆的前台接待员"必须"要为客户升级高级海景客房，带给客户惊喜吗？不，他的行为是自发的。吉米·约翰店里的服务员呢？他"必须"要对他的客户保持适度的幽默感吗？不，他是自发选择幽默的方式的。

其实，大多数员工都不会选择提供糟糕的服务，他们只是不选择提供卓越服务而已。大多数员工都很满足于仅仅从事客服的工作，执行工作职责，欣然地放弃了每天通过主动做一些小事来给客户留下深刻印象、传达工作本质的机会。

我回想起自己曾经对一个客户说过："卓越服务'总是'自发的。"

听到这个，他眯起眼睛，身子从会议桌前倾过来。他反驳的时候将声音压低："在这里不是自发的！在我的公司，卓越服务是'必须的'！"

我虽不赞同他的反驳，但大多数总经理都会这么说："卓越服务当然不是自发的！我们不允许提供不合标准的服务！"

从理论上讲，他们是对的。但是实际上，他们在欺骗自己。

我们作为客户很少体验到这些主管们标榜的"必须卓越"的服务，原因就是卓越服务是自发的。员工"自发"选择去进行眼神交流、微笑和使他的声音再热情一点。

你能回想起近期在电话里或面对面时，与某位让你感觉很乏味、无聊和冷漠的为你服务的员工互动的经历吗？你当然能。这种事总在发生，即便是在那些将卓越服务规定为"强制行为"的企业中也总是这样。

雇主可以强制规定员工工作角色的很多方面：合同规定需要完成的任务、员工的着装和打扮标准，以及员工的上下班时间。但是他们不能强制规定员工要具有让客户都能够享受到卓越服务的特质。

员工的个性、性情、独特性、创造性，以及参与水平都是由员工自己决定的，而不是取决于他们的雇主；他选择"自发地"微笑，他选择"自发地"对在客户面前和同事打趣说"不"；他"自发地"为客户提供更贴心的服务。

当雇主们不能强制员工形成这些特质时，他们可以选择雇用具备这些特质的人。这就是为什么客户满意度最高的企业会在员工选拔上投入最多的努力。这些企业的管理者们没有欺骗自己。他们意识到了，是员工"自发地"提供卓越服务（或者像大多数情况一样选择"不"提供），并且他们据此建立了相应的员工选拔制度。

美国西南航空公司（Southwest Airlines）因它高水准的员工选拔程序

而闻名。它寻找在精力、幽默感、团队精神，以及自信方面都能够与它声名远播的、特别的、客户导向型的企业文化匹配的应聘者。

这种丰富多彩的、客户至上的企业文化在以下来自博客读者的真实故事中得以展现。

🔘 **案例学习**

客户至上——美国西南航空公司

我们从丹佛去凤凰城旅行度假时，美国西南航空公司正因自然的招待方式和令人愉快的服务享有盛誉。（我喜欢这句话："如果您对我们的服务不满意，我们的飞机上有六个紧急出口，请选择离您最近的那个出口。"）

大约在航程进行到一半时，空乘人员南希通过对讲机宣布："我们的飞机上有一位非常特别的客人叫斯宾塞，他今天刚满五岁。斯宾塞，请你到机舱前面来好吗？"

当斯宾塞朝机舱前面走去时，一个大约八岁大的漂亮女孩吹着笛子从空姐背后走出来。

南希解释道："斯宾塞的姐姐伊莉莎要为她的弟弟演奏一首长笛曲《生日快乐》。"

伊莉莎断断续续地努力演奏着《生日快乐》，乘客们都为她鼓起了掌。随后，机舱里的所有乘客在南希的带领下共同为斯宾塞唱起了生日歌，而斯宾塞也因所有人对他的关注而感到十分高兴！

接下来，南希在斯宾塞的头上戴了一个皇冠。这个皇冠是由透明的胶带、美国西南航空公司的花生包和红色的橄榄串做成的。

当斯宾塞骄傲地在飞机通道里巡游时，我注意到了那个皇冠——一份非必需的、自发的、免费的，但是极好地表达了对客户的热情的礼物。

这种对客户的热情不可能是被强制要求的，但也不会花费过高。

毫无疑问，在斯宾塞的父母下飞机领取行李时，他就已经把皇冠吃掉了一半，但他短时间内是不会忘记这次愉快的飞行旅程的，我也不会。

这个故事同样阐述了卓越服务的第三条要义。

☞ 卓越服务不比平庸服务花费更多

确实如此，如果从功能上分析，卓越服务显然不比平庸服务花费更高（顶多是些透明胶带、花生包、橄榄串的费用）。

对客户表达真诚的关心或者预料到客户的需求要花费多少呢？表现急迫感或关注细节会花费更多吗？让员工对客户微笑，和他们进行眼神交流，或者声音更有活力些会让雇主花费更多吗？当然不会。除了大多数与卓越服务相关的行为以外，这些特质都是免费的。

回想一下本章前面提到的，摄影师给孩子们拍照时表达真实的热情花钱了吗？没有，热情是免费的。宾馆的前台接待员为客户升级高级海景客房花钱了吗？没有，惊喜是免费的。吉米·约翰店里的员工呢？对他们的客户表现出适度的幽默要花钱吗？不，幽默感是免费的。

为了理解卓越客服是什么，将它与平庸客服质量做个比较是很有帮助的。下面是卓越客服与客户们常遇到的乏味、平淡的客服的五个区别。

第一，职责 vs 本质。

卓越客服需要员工同时执行工作职责和表现工作本质。然而，大多数员工高高兴兴地不知道二者之间的差别。

第二，强制 vs 自发。

工作职责往往是制式化的，是必须履行的。这就解释了为什么很多客服行为都被描述成程式化和机械化的。然而，提供卓越服务是自发的，它需要服务提供者仔细地选择。这就解释了客户极少享受到卓越服务的原因。

第三，义务 vs 机会。

员工们有义务执行强制的工作职责，他们没有选择的机会，因为这就是他们被聘用的原因。只要读一读工作守则，所有的任务都一目了然。尽管如此，这些员工仍旧有机会自发表现工作本质：表达对客户真诚的关心，服务时传达真实的热情，制造惊喜等。但这些机会总是会以运营效率或一些其他管理特权的名义被浪费掉了。

第四，结果 vs 关系。

员工们不得不执行的工作职责，会产生可预料到的工作结果，这些结果会被管理者们评估并细细审查。如果员工们得到了关于他们工作表现的反馈，那也往往是与他们的工作职责相关。相比之下，员工们有机会展现的自发工作本质有助于培养他们与客户之间的关系，这种关系能够产生忠诚度，提高重复购买率，增加利润收益和热情的推荐概率。

第五，花费 vs 免费（或者微不足道的花费）。

员工们为了达到某种结果而不得不执行的强制性工作职责是需要报酬的，这就是他们拿了工资要做的事。员工们为了培养与客户之间的关系而选择自发表现出工作本质却是不需要花费任何成本的——或者说，与一个忠诚客户的终身价值比较起来，这种花费是微不足道的。服务者的微笑、真诚、特别的赞美，或独家信息分享都不需要额外的费用。

管理者典型的日常包括工作职责、指令、义务、成果和花费。因此，客服往往制式化和缺乏创意也不令人惊讶。

我们所需要的是一种不同的方法，这种方法能够强化工作本质，利用机会与客户建立联系以及认可。与忽略客户相比，重视对客户微笑，向客户问好并不会花费更多费用。

表 1-2 区分了平庸服务与卓越服务的特征。

表 1-2　平庸服务 vs 卓越服务

平庸服务	卓越服务
工作职责：与工作角色有关的职责或任务	工作本质：员工工作中的最重要的事（例如，让客户感到愉快）
强制：必须完成的工作职责	自发：表现真诚的关心，传达真实的热情，或加倍的努力，这是一种选择
义务：员工们有义务执行的工作职责	机会：员工们有机会做一些"额外小事"，这些小事会给客户留下长久而积极的印象
实现结果：执行工作职责产生的预期结果往往是客观的且容易量化的	建立联系：表达出工作本质有利于建立和发展关系（这通常是主观且不容易量化的）
成本：员工拿工资执行工作职责	花费很少或免费：主动给客户留下长久、积极的印象是不需要成本的
冷漠：将客户服务形容为是乏味的、平庸的和容易被人们忘记的	与众不同：将客户服务形容为是独特的、清新的和令人难忘的
高效：更迅速地多做事	有效：把较少量的工作做好
制式化：关注过程，像对待最后一个客户那样对待所有客户	经验化：关注人，把每个客户当作一个个体看待
短期观点："这宗交易可以赚多少钱？"	长期观点："让客户感到愉快的终身价值是什么？"
吸引被动客户：满意但是缺乏热情、很容易被竞争者挖走的客户	培养推荐人：价格敏感度较低，重复购买率更高，对于企业或品牌的积极评价有 80%～90% 来自他们

典型的客户服务是毫不特别的、可预料的和平庸的服务行为，它注重过程、制式化，往往易于吸引被动的客户。贝恩咨询公司将这些客户定义为"满意但是缺乏热情，很容易被竞争者挖走的客户"。你不可能把生意建立在被动的客户的基础上，这些客户的购买决策往往基于便利性或者可以通过打折获得你的产品或服务。

在这种环境下工作的员工往往会完成他们规定的工作（领导交给的任务）来维持现状。这些员工将他们的工作描述得乏味和墨守成规也十分正常。在没有体现工作本质的情况下，剩下的就只有例行公事了。例行公事是不容易被记住的，制式化的服务也不会给人留下长久、积极的印象，也不会使客户忠诚。

在本章前面提到的内容中，员工们被问及他们的工作要求时，大多数人都只会罗列他们的工作职责，也就是与他们的工作角色有关的职责和任务。为什么员工们极少提及他们的工作本质呢？

考虑一下：工作职责是以结果为导向的，管理者们只关心结果。工作职责是执行被告之的任务，管理者们欣赏服从；工作职责是执行被期待的任务，管理者们对惊喜不感兴趣。

除非管理者们积极示范、认可、奖励工作本质，否则实现结果还是优于建立关系，服从命令胜过主动服务，客户服务也会被描述成是常规的、可预料的交易。

然而，大多数员工看到的往往是完成工作职责被认可、被奖励，而不是工作本质。

例如，让我们回想一下在本章开始时提到的超市职员。我们设想他在新员工岗前培训大纲里就被告知了提供卓越服务的重要性。假如他读了工作守则，看了海报，或者佩戴了写有客服口号的徽章，那么他也许会意识到他的工作职责还包含回收散落在停车场里的购物车。

员工对新工作充满热情并想要好好表现，那么在打包杂物时他就会尽职尽责。他会小心地、轻轻地处理像面包、鸡蛋那样的易碎物品，会把冷冻食品都打包在一起，以防它们融化得太快。他也会坚持帮助客户找车，尤其是在天气不好的时候，即便他的大多数同事都忽略了这个工作环节。

在员工刚参加工作的前几周，按照惯例总会有主管走近他问道："嘿，怎么停车场有这么多购物车？"但他却不会因提供了卓越服务而得到任何奖励。

因此他就十分纠结。他说："在岗前培训期，他们告诉我服务好客户是多么重要。我尝试这么做，但是没有人注意或在意这些。我曾经得到的唯一回馈就是停车场里的购物车数量。"

用不了多久他就会意识到能够讨监管人员欢心的方式就是多花点时间在停车场里，离客户远点，及时回收购物车。

我承认工作职责是必需的，甚至是关键的（例如，购物车必须从停车场里回收，卖场也要时常清扫），但它并不能代表员工工作角色的全部！它只代表了一半的工作角色。工作的另一半是工作本质，而这一半往往被忽略了。工作中最重要的事是创造推荐人。

当员工们意识到他们的工作本质并且这种意识被他们的直属领导迅速强化（例如，示范、认可和奖励），那么服务质量就会提高，打破的鸡蛋就会变少，他们就会给客户们留下更多持久、积极的印象。

从平庸到卓越

√ 每个员工的工作角色都有两方面：工作职责和工作本质。"工作职责"指的是与工作角色相关的职责和任务，"工作本质"指的是所有服务业者工作角色中最关键的方面（最重要的事情）。

√ 工作职责包括员工的工作常识（做什么）和工作技巧（怎么做）。大多数员工都只意识到他们执行工作职责的责任，并且对于他们工作中的这一方面很熟练。

√ 工作本质包括员工的工作动机（为什么做）。员工们都不大清楚自己的工作角色这个范畴，因为他们关注的主要是他们的工作职责。

√ 工作职责在工作说明、守则、协议和备忘录中被指出。

√ 工作本质反映在员工的个性、创造力、热情、激情和独特的资质上。

√ 推荐人，贝恩咨询公司将它定义为一种客户，他们的价格敏感度较低，重复购买率较高，并且对企业或品牌的正面评价有80%～90%都是通过他们口碑营销的结果。

√ 卓越服务的第一条要义是它能反映工作本质。

√ 卓越服务的第二条要义是它是自发的。

√ 卓越服务的第三条要义是它往往不比平庸服务花费得更多。换言之，它常常是免费的。

√ 员工们总是执行那些为了拿到工资所必须做的强制性工作职责，他们往往忽略掉这种自发表达的工作本质，而这种表达几乎不会多花费或不需要额外花费雇主多少钱。

√ 我们作为客户往往享受不到卓越服务的原因是，卓越服务是自发的。这一切全靠运气。员工们不是必须这么做，而大多数人也选择不这么做。

√ 大多数员工都不会故意选择提供平庸服务，他们也不会花心思提供卓越服务。

√ 大多数员工看到的往往是完成工作职责被认可、被奖励，而不是工作本质。工作职责是以结果为导向的，管理者们对结果感兴趣；工作职责是执行被告之的任务，管理者们欣赏服从；工作职责是执行被期待的任务，管理者们对惊喜不感兴趣。

√ 除非管理者们积极示范、认可、奖励工作本质，否则实现结果还是优于建立关系，服从命令胜过主动服务，客户服务也会被描述成常规的、可预料的行为。

☞ 卓越服务的三个要义的应用

在下面的空白处记录下一些案例，看看你是如何运用本章的概念去提高你所提供的客服质量和影响的，如何从平庸到卓越！

平庸	卓越
使员工们意识到他们有义务执行的强制性工作职责。	告诉员工他们的工作包含两部分：工作职责和工作本质。
•	•
•	•
•	•
•	•

第二部分

7 种简单方式
提升客户服务质量

CHAPTER 2

第 2 章

表达由衷的关心

你有没有听过结了婚的人说他不再爱对方了？当受到质疑时，他也许会说："我累了，我真的累了，'爱'已经不在了。"

爱不在了也不稀奇，因为爱（名词）是爱（动词）的结果。不向对方"表露"爱，剩下的就只是一种关系——一种联系、一种共同存在的状态。真奇怪，我和我的邮递员就是这种关系。

在婚姻关系中，仅将爱看作名词是不够的，这是一种在满意与不满意之间摇摆的反复无常的感受。爱需要表达，爱需要行动，爱是一个动词。

客户服务也是一样的。很多客服人员将服务看作是一个名词——一种角色、职责或职责范围。结果，客户服务变得目的性强、死气沉沉。

去年我和一个朋友聊天，他负责培训一家《财富》100强企业的电话中心的4500名员工。他提到，这些员工需要在接到关于保修或其他维修电话时表达同理心。他说，如果员工只是将客户的问题转述给他听，这样就满足了在电话问询过程中表达同理心的必要条件。换言之，如果有一天一个客户打来电话说："我的洗衣机不好使了。"那么，客服人员必须首先回应说"您的洗衣机不好使了，我很难过"，以便在表达同理心方面得到满分。

尽管如此，我的朋友对于此种礼节还是不满意。他提出，真诚的同理心应该是当电话中心的员工察觉到背景音中孩子的哭声时询问道："我听到孩子哭了。要不要我帮您查下明天为您提供服务的时间，或者几分钟以后再打给您？"

服务需要表达，服务需要行动，服务是个动词。

不管是在婚姻关系中还是对待客户时，仅把服务当作名词便会导致形成程序化、平庸且死气沉沉的客户关系，这就为竞争者们创造了机会。

不要把服务看作是一个名词。不要把"服务客户"看作是扮演一个角色或执行一种职责——无论它是否包含一个剧本、备忘录或"表达同理心"的要求。

行动的对立面是不作为。（如果你曾经将行李箱放到出租车的后备厢，然后自己关上车门，而此时司机还舒服地坐在方向盘后，那你就明白我在说什么了。）行动是自发的。客服人员"自发地"表现主动。

主动的对立面是冷漠。通常情况下，员工会对客户的需求表现出冷漠。就像出租车司机坐在方向盘后一样，他没能注意到周围环境，预料到客户需求或表现出紧迫感，从而失去了提供卓越服务的机会。他失去了给客户留下积极印象的机会，同时失去的还有客户的忠诚和未来的消费。

为了说明在工作中表现出主动性的重要性，参考一下网球陪练员马特·普雷维迪（Matt Previdi）的例子吧。

案例学习

一位网球陪练员的主动性

我的网球俱乐部最近主办了"科罗拉多经典职业网球锦标赛"（Colorado Classic Pro Am Tennis Tournament）。由于选手水平不一，网球陪练员马特·普雷维迪被锦标赛的一个赞助商 SOLINCO⊖邀请为现场特约球拍穿线员。

锦标赛期间我碰巧在俱乐部。当时，马特正在网球桌后给球拍穿线。马特注意到（动词）我正在调整我的肘部支具，然后问道（动词）："网球肘？"

我回答道："我的肌腱炎都治了七个多月了。"

他停下（动词）了手里的工作，离开（动词）穿线机，请求（动词）看一看（动词）我的球拍。我把球拍递给他，他开始（动词）用手掌猛击（动词）球拍，检测（动词）球拍的张力。几秒钟后，他断定（动词）我的肌腱炎很可能是我的网球线和张力因素造成的。

在试探性地问（动词）了我几个关于打球方式的问题后，他建议（动词）我考虑一下用交叉弹性大一些的网球线来吸收球的力量，并建议（动词）我在给球拍穿线时降低张力。

我的陪练员到达时，马特将他的球拍递给（动词）我，并说（动词）："今天试试我的球拍。跟你的球拍重量类似，这个球拍的网球线和张力会让你的手肘更舒服些。打完告诉我你的感受。"

拿着借来的球拍，我和陪练员朝球场走去。下午训练结束后，我找到了马特，对他说："你是对的！柔韧的网球线结合降低了的张力让我的

⊖ SOLINCO：一家网球线销售公司。——译者注

手肘更舒服。要是早点发现就好了！"

然后，我把我的三个球拍都递给了马特，请他帮我把穿好的网球线都剪断（其中有两副都是新网球线），然后用他推荐的降低张力的网球线来代替。

在接过球拍时，马特说（动词）："史蒂夫，我观察（动词）了一下你的比赛，我注意到（动词）你总是把球往外打而不是往上打。降低了网球线的张力就可以减缓对手肘的压力，球从球拍上弹回来时也更有爆发力。如果你继续把球向外打而不是向上打，你就会打出很多长球。"

令我难以置信的是，尽管他忙着给球拍重新穿线，但为了确认（动词）他的推荐适合我的打球方式，他还是花（动词）时间观察（动词）了我打球。

"如果你感兴趣的话，我可以告诉你，给三只球拍穿线的价格是 111 美元。通常情况下，我都在别处给球拍穿线。"所以，这 111 美元是马特为俱乐部额外创造的，这是由于忙碌的员工主动去观察（动词）他的周围环境，表达（动词）了对客户由衷的关心，并提供（动词）了卓越的客户服务。

再强调一遍，服务像爱一样是个动词。正因如此，它需要行动和付出，需要被表露出来。当做得好时（总是带有由衷的关心和关爱），就会给人留下持久、积极的印象，并确保客户只会关注你。

虽然提高客户服务质量的七个简单方法不一定存在顺序，但第一个行为是表达出由衷的关心绝非偶然。

☞ 如何表达由衷的关心

尽管以下讨论的行为中有一些要考虑环境因素，并且可能不适合所有的客服人员，但每次互动都提供了一次我们表达由衷关心的机会。

表达由衷的关心需要超越对工作角色最基本的客户服务期望值。通常这些基本的期望值是受一些行为影响的，这些行为能够满足大多数客户对与客服人员面对面交流时基础的期望：微笑、眼神交流、在我们的语调中注入活力。但员工们还是可以通过工作习惯来表达对客户由衷的关心，例如关注细节，表现出紧迫感。

不管用何种方式表现出来，表达对客户由衷的关心需要员工们表露出主动性并采取行动，就像马特示范的那样。有很多方法可以达到这种效果：

√ 提供个性化的问候

√ 称呼客户的名字

√ 践行自信的待客之道

√ 提问题

√ 宠爱

√ 预料到（客户的）需求

√ 记住偏好

√ 关注细节

√ 表现紧迫感

√ 征求反馈意见

√ 提供有人情味的道别

√ 跟进后续服务

提供个性化的问候

作为客户，你留意过你收到的问候吗？

我留意过。

最近，我把车停到卡卡圈坊[⊖]免下车餐厅窗口时，我得到的问候是："16.65 美元。"

就是这样，我得到的问候是我的订单总价。

在 DQ[⊜]，问候也没好到哪里去。在排了几分钟队后，妻子和我还有我们的四个孩子走到前排。看着挂在柜台前的菜单上"美味可口的"图片，我的孩子们抑制不住他们的热情！他们的眼睛好奇地瞪得溜圆，从美味的菜单图片的一边扫到另一边。当他们意识到，现在轮到他们自己点冰激凌，几分钟后他们就能将结霜的甜食拿在手里的时候，他们开始咯咯地傻笑！我一边微笑着回应孩子们的兴奋之情，一边抬起头看着柜台里的服务员。与孩子们的脸形成鲜明的对比，她的面部表情冷漠，甚至严肃。她的问候是："你知道自己想要什么了吗？"

还有一些我近期得到的问候：

"在这吃还是带走？"

"纸包还是塑料袋？"

"两位吗？"

"登记入住？"

"下一位！"

"电话号码？"（这是当我在干洗店停车，员工想要找出我的账户时对我说的话。）

⊖　卡卡圈坊（Krispy Kreme）：一家销售甜甜圈的店。——译者注
⊜　DQ（Dairy Queen）：一家冰激凌连锁店。——译者注

对客户们的问候或拜访变得制式化已经司空见惯。当员工们尽责地遵照教条的规定去关注工作职责时，客户们就失去特有的个性。下面是几个我个人经历的例子，同时对比一下表达对客户由衷关心的替换语。

问候："05 福特远征？"这是上次我开着我的 SUV 去汽车代理商那里，等候区的维修技术员给我的问候。这种疏忽是可以避免的。我的名字就印在服务预约单上。这个维修技术员有个坏习惯，他只喜欢叫车的名字而不是客户的。

替换语："科廷先生？"

问候："网络问题？"这是在新泽西州的一个会议中心，当我打开客房门时，一个技术员给我的问候。

替换语："晚上好，科廷先生。我了解到您现在无法连接到网络。我能进去帮您看一下吗？"

被提及："C 区 12 号需要个枕头。"我知道空乘人员很忙，而乘客此时又有需求。像这样的快捷语能够保证效率来让她们在更短的时间内服务更多的客户，因此皆大欢喜，对吗？好吧，其实并不是所有人都开心。从客户调查中我们获悉，客户们喜欢自己被看作是客户——他们更喜欢别人叫自己的名字。

替换语："C 区 12 号座位上的乘客需要一个枕头。"或者，如果空乘人员有旅客名单的话，她可以加上名字使乘客的需求更个性化。"C 区 12 号座位的科廷先生需要一个枕头。"

被提及："812 房间需要毛巾。"这是堪萨斯城宾馆的接待员在大厅里站在距我只有几英尺[⊖]的柜台另一端所说的话。

　⊖　1 英尺≈ 0.3 米。

替换语："812 房间的客人需要毛巾。"或者如果他知道客人的名字，他可以说："812 房间的科廷先生需要毛巾。"

有时，这些问候是完全可以接受的，但当你听到这些生硬的称呼在你之后的客人身上一遍又一遍地被重复后，它们就完全失去了感染力。

我的儿子们是乐高积木忠实的粉丝，不管什么时候我们去商场，他们都一定会特意去看柜台里最新的积木组合。乐高积木店总是有一个职员站在门口向进门的客户问好。在这家专卖店里，员工们的问候是："欢迎光临乐高积木店。今天是谁想要得到乐高积木呢？"尽管这样的问候很恰当，但在你从进店那一刻起就反复地听着同样的话以固定的节奏被说上十遍后，这样的问候就会变得机械化，甚至有点烦人。

考虑一下，在你下一次上班前或部门会议期间，花 5 ～ 10 分钟找出你在工作中所遇到的听起来事务性的、排练好的客户问候语的例子。找出一些替换语能够表达对客户由衷的关心以及传达对他们光顾的真诚的感谢，在恰当的时机表扬表现优秀的员工，并且当他们表现不称职时指导他们。作为管理者，你也应该意识到你始终有责任树立标准。

设立高标准。在问候或提及客户时避免使用通用标签，无论何时尽可能地使用客户的名字。这样做可以使你表达出对客户由衷的关心并增强他们的独特性及个人的重要性。

称呼客户的名字

名字也可以被用在除问候与提及客户外的很多情况下。最近，一个客户问我："我怎么才能'假装'知道客户的名字呢？我的饭店每周要接待一千多个常客，我不可能记住他们所有人的名字。"

我承认，记住所有人的名字不是一件容易的事。我首先承认，我经常在听到一个名字几秒钟之后就忘掉——尤其是当我被引荐给一群人的时候。对我们很多人来讲，记住姓名确实要下一番功夫，可是，如果我们不有意为之，我们就失去了获得和使用它们的机会。

我们知道，人们喜欢听到别人叫自己的名字。如果有人叫出名字向他们问好，尤其是当他们是以客户的身份出现在某种环境下时，这就明确了他们作为客户的重要性，同时也巩固了他们通过个人消费、推荐和忠诚度带来的商业价值。

我给予客户的答复是："与其假装你知道他们的名字来误导客户，为什么不下点功夫熟记他们的名字呢？"

随后我和他分享了一些记住名字的建议。这些建议是我最近给我十岁的儿子柯尔的，当时他和十几个同龄人共同参加了一个放学后网球夏令营。晚上开车从露营地返回时，当我问柯尔在最后一局和他打球的那个男孩的名字时，令我惊讶的是，他竟然不知道那个男孩叫什么。

当我提醒柯尔记住和直呼一个人的名字可以表达对这个人出自内心的关心和尊重，以及证实个人重要性时，他抱怨道："有那么多孩子，记住每个人的名字实在是太难了。"

因此，我们共同设计了一些策略，可以用来帮助记住夏令营其他成员的名字。我们就从他已经记住的那些成员的名字开始。有两个名字：帕里斯和蕾切尔（都是女孩）。嗯……

我让他描述一下帕里斯，他说她很高。然后我问他，当想到"帕里斯"这个名字时，脑海中会出现什么。他说："巴黎[⊖]，法国。"

⊖ 在英文中，Paris 指的是法国巴黎，作为人名音译成"帕里斯"。——译者注

接下来我问他，法国巴黎有没有哪些高的东西。他说："埃菲尔铁塔。"

然后柯尔说："我知道了！想到法国巴黎的埃菲尔铁塔就能够帮助我记住她的名字。"

我跟他说这是"记忆法"（帮助你记住某事的学习工具）的一个例子，而柯尔已经想到了帮助他记住蕾切尔名字的方法，他说："当我再见到蕾切尔时，我就想到她的名字和我在苏福尔斯的表姐的名字一样！"

"太棒了，柯尔！你正在使用你非常熟悉的'联系法'来帮你记忆你最近见过的人的名字。"我说道。

我给柯尔的最后建议是，初次见面时重复几次见到的人的名字。例如，"蕾切尔？我有个表姐也叫蕾切尔。我叫柯尔。很高兴认识你，蕾切尔！"

记住名字没有捷径，但是通过记忆法、联系法和重复能够使你记名字的过程更容易些。当员工投入时间和精力来记住客户的名字时，他们是在表达对于客户由衷的关心，以及强化客户的重要性。

践行自信的待客之道

接近客户意味着要践行自信的待客之道，这会使你在服务他们时不至于让他们感到透不过气来。自信的待客之道不是咄咄逼人的。无论你是卖车、香水、衣服，还是其他产品和服务，二手车推销员式的方法都令人厌烦。因为大多数客户都喜欢看、闻、听、摸、尝产品，而不是被咄咄逼人的工作人员催促或烦扰。最有效率的餐厅服务员会精心设计摆放餐具的方法，检查肉的温度，撤换用过的餐盘，及时续水等，就像最专业的服装销售员在给客户时间和空间浏览商品的同时就能预估他们的喜好。

员工不应该被动等待客户的认可。相反，他们应该坚定自信、满怀关心、充分投入，他们应该首先认同自己的客户。这需要主动。主动也许是区分卓越服务和平庸服务的最具决定性的特质。

践行自信的待客之道的好方法之一就是遵循"15×5 规则"。这个规则建议我们：当客户离我们大约 15 英尺时，我们就应该有眼神交流和微笑；当客户离我们大约 5 英尺时，就应致以适当的问候（例如，"早上好!""下午好!"）。"15×5 规则"对员工来讲是一种认同客户、表现出他们的专注，并且加强他们服务的意愿和可能性的好方法。

提问题

提问题是表达对客户的由衷关心，以及构建起建立忠诚度所必需的融洽关系的有效方式。

在早晨的高峰时段，星巴克的咖啡师能够预料到一群赶时间的客户正排着队等待着他们点的咖啡。这还好！咖啡师不需要在柜台费太多口舌，但他们可以通过一些话来简单地表达他们的关心，例如，"去上班?"或者"今天有大生意?"。这类问题不会引发长时间的对话，不会妨碍咖啡师为正在排队的其他客户提供服务，仅仅是试图表达对客户真诚的关心。

这里再举一个通过提问来表达关心的例子。两年前，我在拉斯维加斯的幻影赌场度假村（Mirage Resort & Casino）为大家致会议开幕词。那天早上晚些时候，当我站在宾馆的等待出租车队伍中时，我观察到一个叫福柯的门童在用问题引导客户方面做得很出色，同时仍留意着在等出租车的客户。

当我排到队伍的前面时，福柯向等候的出租车吹了个口哨，示意司机把车开进来。甚至他下意识的口哨声都显得与众不同，有旋律感还很独特。反映出他独特的个人风格和天分。

当他帮我拿行李时，他问我："您是 NFL[⊖]的粉丝吗？"

"是的。"我答道。

他说："底特律那场比赛，是违规接球还是不违规？"（他指的是上周六一场底特律雄狮队输给芝加哥熊队的比赛中，有争议的不成功传球的裁定。）我告诉他，我听说过那个争论，但因为没看那场比赛不好评论。

在关上出租车门之前，福柯问我："您从哪里来？"

"丹佛。"我回答道。

他笑着说："哦，野马队的球迷！欢迎下次光临！"

福柯不仅将他的工作职责很有效地完成了，还通过提问题的方式表达了对宾馆客户由衷的关心并给他们留下了持久而积极的印象，从而展现了工作本质。

宠爱

宠爱意味着用过度的放纵来对待，而我把宠爱看作是表达对客人由衷关心的较高级形式。二者的微妙区别就是从柜台上把商品递给客人还是绕过柜台将商品直接递到客人手上，就像诺德斯特龙的销售人员做的那样。这真的只不过是多做一步来表示欣赏和尊重。这一细节会被注意到。

⊖　NFL（National Football League）：美国橄榄球联盟。——译者注

宠爱还应体现在认真的衣帽间服务人员拿客人的大衣的方式上。当他们将外套放置在两件外套之间时，他们会尽量避免弄折夹克翻领。对服务人员来说，当常态只是将客人试过的衣服随便塞进衣帽间而不用去考虑衣服的状态时，那么前者会是一个多么令人耳目一新的举动。

这一点也很明显地表现在杂货店的打包员尽职尽责地为客人购买的商品打包上。与把这些东西随意地塞到袋子里相反，当他们打包商品时，他们认真保护柔软的面包和易碎的鸡蛋。

这里还要举一个员工错过友好接待客户的机会的例子。阵亡将士纪念日的那个周末之后，我带着儿子库珀去参加一个在科罗拉多州莱克伍德举办的篮球夏令营。第一天，我们在一家咖啡店停歇，我点了两陶瓷杯的意大利特浓咖啡在店里饮用。

在冷漠的服务员机械化地完成交易后，库珀和我找了一张空桌子坐了下来。几分钟后，我听到咖啡师喊道："两杯意大利特浓咖啡。"

当我抬头看时，我看见我点的咖啡被远远地放在吧台的一端。我站起来，走了 20 多英尺取回我点的咖啡。这时，咖啡师正在吧台的另一端和其他两个员工聊天。我想他错过了"多走几英里"（至少是多走 20 英尺）来把咖啡交给我的机会。（后来回忆，咖啡店里有三个员工和五位客人，没有任何一位客人排队等着被服务。）

只为服务客人多付出那么一点，员工们就能够表达对所服务客人由衷的关心。那个为我准备咖啡的员工只是没能将咖啡送到我的桌上，就丧失掉了宠爱他的客人的机会。

玩世不恭的员工可能会说："别胡扯，你完全可以站起来，走 20 英尺去拿你的咖啡。"他们是对的，我用行动证明了。同样，到你家里做客的客人也能够自己去取咖啡，但我的直觉告诉我，大多数人还是会为客人拿咖啡。如果不这么做的话，随着时间的推移，恐怕到家里做客的客人会越来越少。

在当地的咖啡店也是一样。随着时间的推移，上门的客人也会越来越少——从我开始，我选择在夏令营的第二天就不再光顾那家咖啡店了。

预料到（客户的）需求

客户都喜欢你主动预料到和满足他们的需求，而不是被要求去做这些事。有时这就像宾馆门童在客人走近时为客人开门一样，或者像饭店的老板娘在上菜前为了让孩子们不无聊给他们提供蜡笔和儿童菜单一样。有些时候，情况会更复杂些，例如，当由于气流原因而导致飞机延误时，机场管理者建议承包商延长时间以便安排飞机乘客的食宿。

预料到客户的需求需要周到、有条理，关心、留意客户的舒适度和幸福感。真正的预期行为意味着需要事先筹划，就像晚宴前通过考虑到饮食的限制提前计划以满足客人的需要一样，商人应该充分准备来满足客户的需求也是一样。

在超市里，这还包括有策略地在最里面摆上手提购物篮。这样的话，那些进超市时忘拿购物篮的客户发现自己买了太多东西拿不了时，就可以使用这些购物篮了。

很多公园提供可降解的宠物粪便袋为宠物主人提供便利。公园通过提供宠物粪便袋预料到宠物主人的需求，从而不仅服务了社区，还为游客们提供了一个整洁的游园环境。

我认识一个很成功的零售商，她总是关注着本地报纸的社会版。她的很多客户会参加同一个慈善活动或节日聚会，她则因小心地留意并掌握着她的哪些客户为哪些活动购买了哪些商品而出名。当有人想买一条裙子，而这条裙子已经有别人买过了时，她会说"很抱歉，有人跟您选择了同一款裙子"，然后她就会介绍其他裙子给客户。通过这么做，她预料到了客户对于要穿去社会活动的裙子的唯一性和独特性的需求。

有时，预料到客户的需求不是提前计划，而是即兴偶然产生的。如果商场里的一个客户脸上带着不知所措的表情站在购物指南前，那么经过的工作人员或保安人员就应该猜到他可能是对于某家店的位置或在这里能否买到自己需要的东西有疑问，然后上前提供他所需要的信息。

记住偏好

记住客户的偏好需要很多努力。咖啡师和酒保必须留意常客都点了什么喝的，并要记住。即便是使用软件来记录和存储客户的喜好，如果员工不往里面输入数据，记录也还是空的。数据越具体越是近期的，提供卓越客户服务的机会就越大。

去年，我和一个叫维克多的客户还有他的妻子在马萨诸塞州伯灵顿市的夏冬餐厅吃饭。距离维克多上回光顾这家餐厅已经过去六个月了，他对妻子说："我真希望我能记住我们上回在这里喝的黑皮诺[⊖]的名字。"这时服务员回答道："我想是 2009 年莱梅尔逊葡萄酒园西娅的精选俄勒冈黑皮诺。"

维克多惊讶地说："我想你说得对！我们真的很喜欢那款酒。今天晚上我们还要一瓶同样的。"

当那个服务生离开桌子时，我感叹道："他的记忆力真好。"而维克

⊖ 黑皮诺（Pinot Noir）：干红葡萄酒的种类之一。——译者注

多则回应道："真是好软件。"无论是哪种方式，结果都是一样的：通过记住客户的偏好，服务人员表达了对客户由衷的关心，同时给客户留下了持久而积极的印象。

我后来偶然给这家餐厅打电话，想确定一下他们使用什么软件获取和归档客户偏好信息的。结果是，夏冬餐厅并没有出于此目的使用过软件。这正是员工们实践着的优质的传统客户服务！

关注细节

我曾经在一家宾馆的总经理手下工作。他总喜欢说："如果你疏忽一次，你就降低了你的标准。"他是在提及质量与一贯性时说的这番话，用以鼓励经理们不要忽略重要细节，如忽略偏僻走廊的漏水，或者从垃圾上跨过去而希望别人会打扫。一度我得到了一个"吸尘器"的绰号，因为我强迫自己捡起我掉在地板上的碎纸片。这并不是因为我有洁癖，我只是不想让我的总经理失望，或者更糟的是降低我的个人标准让自己失望。

目前我的咨询业务之一是关于神秘购物服务。当你经营一家神秘购物公司⊖时，你会发现很多与个人客户的成功客户体验标准有关的细节。有时，这些细节与整洁度有关；有时，这些细节涉及现金处理、电话转接，或完成某些交易的既定协议。

每当我遇到那些因为神秘顾客对自己工作质量的评估而感到紧张的员工，我都会告诉他们："如果你每次都把事情做对，那么你就会在正确

⊖　神秘购物公司是指与商家签约，招聘神秘顾客进行市场调研的公司。神秘顾客应一些企业家的要求，到他们的商店踩点购物，通过实地观察体验，了解产品，发现问题。——译者注

的时间把事情做对。"通过关注细节，你做对事情的概率会大大增加。

我喜欢带我的家人去边境墨西哥烤肉吧。事实上，我很喜欢那里。那里的餐馆干净，食物的品质很好，价格也公道。

尽管如此，我妻子却因为一个问题不喜欢这家餐厅。这个问题导致我们好几次选择了另外几家与之竞争的餐厅。这个问题是：服务员总是忽略细节，他们总是让桌子上堆满了用过的餐盘、破损的碗、调味汁小碟、酸奶油和鳄梨酱。

上大学时，我妻子曾在她父亲的餐厅工作，她很早就知道，当餐桌上还有东西需要被清理时，永远都不要空手离开。最有效率的服务员会通过观察环境和关注细节注意到桌上被丢弃的吸管包装纸、空的开胃菜盘子或不用的面包篮。服务员们会通过留意这些事让餐桌保持整洁、有序。

那家烤肉吧的服务员似乎完全没有意识到这个服务理念。四个孩子用餐，盘子越摆越多，很快，我们的桌面就淹没在一堆用过的盘子、脏的餐巾纸和其他杂物中了。这顿饭快吃完时，即便我们还能吃下甜点，餐桌上也没地方摆放了。

当消费者为外出就餐的额外花费辩解时，消费者列举出的一个好处是可以享受到在家做饭所没法复制的就餐体验，因为我们在家吃饭时总是把桌子弄得很乱。当我们外出吃饭时，我们真的很感激能有一个细心的服务人员让我们的桌子保持整洁。

当然，我也可以收拾用过的餐盘，并把它们移到桌子一侧，然后叫服务员把餐盘拿走（在那家烤肉吧我一向都是这么做的），但是我不愿意这样做。这就是我为什么要外出就餐：如果我能够接受收拾餐盘和清理桌面的话，那我就会选择省点钱在家吃饭。

餐厅里的客人喜欢被照顾，甚至被娇惯宠爱。通过观察周围环境、关注细节，并承诺从不空手离开一张一片狼藉的餐桌，服务员可以让餐桌上不那么拥挤，也许，只是也许，还会腾出摆放甜点的地方。

表现紧迫感

表现出紧迫感的员工会使客户产生信任。有时紧迫感可以通过用词或者短语来传达，例如在回应客户的请求时使用"当然是"或"马上"。

有时，紧迫感会通过行动表达，例如，员工动作敏捷，表现出已准备好或非常想要帮助客户。那些快速跑向停车场的、一分钟后与您的车一起出现的代客泊车服务生往往比那些被观察到在停车场里边玩智能手机边朝你走过来的服务生拿到的小费更多。同样，专注地站在柜台后随时准备提供服务的员工会表现出紧迫感，相反，靠在隔离区或柜台上的员工表达的是冷漠并逐渐削弱了紧迫感。

有一次，我从拉斯维加斯麦卡伦国际机场乘坐出租车前往 Strip 软件上预订的宾馆。这大约十分钟的车程，我开始和出租车司机聊起了我此行的目的——为一家保险集团讲授客户服务。

他问了我一两个关于客户服务的问题。我对其中一个问题的回答是，卓越服务往往不是做一件"大事"的成果，它是将许多"小事"做得格外好的成果。

为了说明我的观点，我解释道："例如，如果你舒服地坐在驾驶座位上，而我滑动车门，放我的行李，当我坐进来，我就需要重新调整一下自己的位置，向后仰去关上门。我顺利做完这些事了，可我的意思是这使你失去了一个能够提供卓越服务的机会。如果你当时能赶快离开座位帮我一把的话，那我就会注意到这一点并且很感谢你。"

我继续说道，如果他能够采纳我的建议，在帮助乘客放行李、开关车门时表现出紧迫感的话，我相信他得到的小费会至少增加 20%。

他似乎对此很感兴趣。

我问他有没有记录过自己拿到过多少小费，他告诉我他开出租车只有四个星期。他之前是一个商用卡车司机，但出了三次事故后，就被解雇了。（听到这里，我再次确认我已经系好安全带了。）他估计自己一天可以拿到 40 美元的小费。我告诉他按我的建议试一天，看看平均小费会不会增长。

我说："现在，你必须要非常称职。如果你载着乘客绕圈的话，即便你为他们开车门他们也不会感激你。你必须表现出对这个地区的了解，安全驾驶，更要有礼貌。"

我不知道他有没有采纳我的建议，但我确信：当服务人员动作敏捷、表现出服务的紧迫感时，客户是会留意到并表示感激的。那么，到支付小费时，这样做应该会得到更多的小费！

征求反馈意见

两年前，我住在纽约的一家酒店，计划在那里做个报告。就在做报告前不久，我见到了酒店的酒水总监，他问我对酒店的食物和酒水的店有什么反馈意见。我和他分享了几点意见，然后又补充道，吧台上有数十种啤酒可供选择，可是却没有淡麦芽酒可选，对此我感到很惊讶。

他回答道："您喝布鲁克林淡啤酒了吗？"

我说："我试过布鲁克林淡啤酒，但我还是喜欢麦芽酒，而不是淡啤酒。"他不为所动地说："我们储存了一些小麦淡啤酒，但每桶的价格是169 美元，比其他酒贵多了。"

我说："我还从来没有因为价格而不让哪个调酒师往我的杯子里倒酒。你的其他客人也不会。"

当你从客户那里征求反馈意见时，不要排斥他们的意见或听起来有戒备心。如果你这么做，他们就不会再给你任何建设性的反馈意见，而只会说一些他们认为你想要听的话——如果他们还会说些什么。

几个月后，我回想起了和酒水总监的对话。出于好奇，我给宾馆的吧台打了个电话，想看看他们有没有把淡麦芽酒加进啤酒选单中。值得赞扬的是，他听取了我的反馈意见，给劳伦斯淡麦芽酒加了个水龙头用来倒酒。和我通话的那位调酒师说："它卖得不错！"

提供有人情味的道别

就像许多问候是制式化的一样，道别也容易变成一种经过排练且毫无生气的状态。下面是一些我过去听过的缺少人情味的道别。

从卡卡圈坊开车经过，收银员递给我餐点时的道别："您的发票在袋子里。"这就是给我的道别，再无其他。这个员工似乎重效率（更快地应付更多客户）胜过重效果（给客户留下持久积极的印象）。

替换语："谢谢，欢迎您下次光临！"

正在对着收银台电话说话的收银员给我的道别："我在 6 号收银台。您想让我绕过去到 7 号收银台给你结账吗？"这就是我在艾伯森商店花了62.15 美元购物后遇到的道别方式。我完全被售货员忽略了，他选择关注他最重要的事情：赶快把这家伙打发走。

替换语："非常感谢，欢迎您下次光临！"

下面是我常遇到的一些既制式化又不屑一顾的道别方式：

√ "拿着。"这是我接过包、比萨或收据时常听到的话。

√ "下一位？"哦，我猜这意味着我们的业务已经办完了，我们该快
点离开。

√ "没问题了。"所以我应该松一口气，我没有因为给这家企业提供
商业机会而给服务人员带来太多麻烦。

√ "不客气。"我总觉得这很讽刺，这句话最频繁出现的原因是客
户感谢收银员，很显然是因为他们收了自己的钱。可这是不是弄
反了？

√ "您要拿着收据还是放在袋子里？"

在服务行业中，适当的道别被大多数与客户打交道的员工忽视了。
它已经变成了机械的道别，象征着例行公事，而不是表达对客户购买的
感激。员工们必须意识到，无论是面对面的服务，还是电话服务、网上
服务，没有加上"谢谢"的道别都是不完整的。

跟进后续服务

下面是一个员工有效地跟进服务的例子。

🔷 **案例学习**

尽职的洗车工

去年秋天，因为我儿子在周末为他的足球季后赛装饰汽车时使用了
油漆，所以我把车开到科罗拉多州的世纪百年特快洗车行去清洗。当我

把车开进服务区时，我看到有各种价位不一的洗车套餐可供选择。洗车工戴恩问我选择哪种。我答道："能去除我车窗上的油漆就行。"

戴恩向我推荐环保油墨清洗剂。我同意了，付了钱，把车开上传送带，这样车就会被送去自动清洗。一个员工开始用硬毛刷人工处理较明显的斑点——对于我的车来讲，就是那些车窗油漆。

随着车慢慢地在传送带上移动，工人们只有有限的时间去除油漆。结果，当洗完车，我把它开到停车场时，车窗上还有一些残余的油漆。我想起刚开始戴恩问我想要哪种洗车套餐时我的回答："能去除我车窗上的油漆就行。"

就在这时，戴恩出现在我驾驶座的车窗旁，并示意我把车开上传送带，再洗一遍。当我到达入口时，戴恩拿着一瓶脱脂剂和一把硬毛刷站在那里。在我的车二次清洗之前，他亲自确认所有的车窗油漆都被去除掉了。

基于我在洗车店洗车的经验，戴恩兑现将所有车窗油漆"完全"去除掉的承诺是超出预期的。通常情况下，一个洗车工一天要将几百辆车送入自动洗车设备，他对待每一次清洗可能都像对待最后一次清洗一样：收钱、开收据，然后挪向下一辆车——非常流程化、制式化。

但是，戴恩却对车的清洁效果表现出由衷的关心。在我第一轮洗车之后，他通过在清洗环节结束时跟进以确认是否所有的油漆都被去除掉了。当他看到还有残留的油漆时，他采取措施去除它。

尽管我儿子的球队输掉了季后赛，但是戴恩的跟进服务却赢得了我这个客户。

· · ·

表达对客户由衷的关心诠释了卓越服务的三个要义。

第一，它反映了每个服务业从业者工作角色的本质——最关键的方面和最重要的事情。

第二，它始终是自发的。员工"选择"去表达由衷的关心。

第三，它没有额外花费。表达对他人由衷的关心不需要花钱！

像所有员工一样，戴恩的工作由两部分组成：工作职责和工作本质。当戴恩建议我选择一种洗车套餐并收了钱时，他在履行工作职责，但当他提供跟进后续服务，确定所有油漆都被去除时，他表达了对于我的车窗清洁度的由衷关心。通过这么做，戴恩体现出了工作本质。

戴恩不得不向我推荐洗车套餐。毕竟，介绍所提供的洗车套餐的差别是他的工作要求——就像接受客户的付款一样。尽管如此，戴恩确认了我要把油漆清除干净的要求，并在洗车环节结束时跟进，重新清洗我的车的举动是自发的。他不需要去执行这些工序，大多数洗车工都没有这样做。

戴恩对我清洗干净车窗的预期表达出的由衷关心花了多少钱？跟进后续服务来确保我对他的服务满意又花费了多少钱？戴恩因为预料到了我对车窗的一尘不染的需求或关注细节而得到了更多报酬吗？

关心没有任何额外花费。也许第二次洗车会产生一些成本（例如脱脂剂、肥皂、水、电），但这些花费与一个忠实客户的长期财富贡献比起来是微不足道的。

从平庸到卓越

√ 服务是个动词，因此需要行动。行动是自发的，服务人员选择表现主动。

√ 主动的对立面是冷漠。通常情况下，员工对客户的需求表现冷漠，他们不去观察周围环境，不去预料客户需求，不表现出紧迫感，错失为客户提供卓越服务的机会。

√ 表达由衷的关心不仅需要满足基本的工作角色需求，还需要微笑、眼神交流，让声音注入活力。

√ 对客户的问候变得制式化已经司空见惯。当员工们遵从对工作职责教条的关注时，客户们就丧失了自己的独特个性。（例如，员工说："纸袋还是塑料袋？"）在问候或提及客户时避免使用泛指标签，在任何可能的情况下都要称呼客户的名字。

√ 除了在问候和提及客户时称呼他们的名字外，在其他任何情况下都应使用客户的名字来表达对客户由衷的关心，表示尊重和确认他们的个人重要性。

√ 员工们应该在接触客户时，践行自信的待客之道，而不是等客户来认可他们。这需要主动，主动性可能是区分卓越服务与平庸服务之间唯一最具决定性的特质。

√ "15×5 规则"建议我们，当客户在距离我们大约 15 英尺时，我们就应该有眼神交流和微笑；当客户在距离我们大约 5 英尺时，就应致以恰当的问候。（例如，"早上好！""下午好！"）

√ 提问题是向客户表达由衷关心、建立客户忠诚所必需的发展融洽关系的有效手段。

√ 宠爱客户意味着要宽容甚至娇惯地对待他们，这是表达对他们由衷关心的更高级手段。

√ 无须询问就能预料到并满足客户的需求会使客户十分感激。

√ 记住客户的偏好能够表达出服务人员对客户由衷的关心，并给客户留下持久而积极的印象。

√ 记住，如果你每次都能做对，那么在正确的时间你也能做对。关注细节，你做对事情的概率就会大大增加。

√ 在言行中表现出紧迫感的员工会使客户产生信任。

√ 向客户征求反馈意见而不要排斥他们的意见或听起来有戒备心。在实际工作中要落实客户的反馈意见。这样做可以鼓励提供反馈意见的客户再次光顾时提出更多的反馈意见。

√ 合适的道别语能够表达对客户由衷的关心和对他们光顾的感激。员工们必须意识到，无论是面对面的服务，还是电话服务、网络服务，没有"谢谢"的道别都是不完整的。

√ 跟进后续服务可以增强客户的信任，使他们确信他们和他们的光顾都是非常重要的。

√ 表达由衷的关心反映了每个服务业从业者工作角色的本质，是最关键的方面，是最重要的事情。

√ 表达由衷的关心是自发的。员工"选择"表达由衷的关心。

√ 表达由衷的关心没有任何额外花费。表达对他人由衷的关心是不需要花钱的。

☞ 练习表达由衷的关心

在下面的空白处记录下一些案例，看看你是如何运用本章的概念去提高你所提供的客服质量和影响的，如何从平庸到卓越！

平庸	卓越
从客户身边经过而没有以任何方式跟他们打招呼。	通过运用"15×5规则"践行自信的待客之道。
●	●
●	●
●	●
●	●

第 3 章

给予真诚又特别的赞美

当我问听众"今天你们中有谁得到了真诚又特别的赞美"时，只有少数几个人把手举起来。我又请这几位分享了他们今天听到的赞美以及他们的感受。通常，这几位都会说这些赞美使他们觉得自己被欣赏、被重视、被尊重，以及感受到自己的重要性——所有的感受都有助于促进积极的关系。此外，每当人们分享他们所得到的赞美时，他们的言论总是通过听众中其他人的微笑、点头认可和掌声来得到证实。

当我问到为什么那天会议室里还有这么多人没有得到赞美时，我听到一些回答，比如"人们太忙了或者全神贯注地做事而没有机会赞美别人"或者"当人们彼此之间更加熟悉时，就像在工作环境中或个人关系中一样，很容易认为彼此的付出是理所应当的，因为大家每天都会见面"。

随着时间的推移，缺乏意识、不敏感、冷漠会使彼此间的关系变淡——无论是私人方面还是工作方面。积极的关系始于积极的互动。我们要做出选择表达由衷的关心而不是对他人表现冷漠。我们必须有意识地去做，并积极地寻找机会提供真诚又特别的赞美。

☞ 留意机会给予赞美

我并不建议为了更好地服务客户而刻意恭维。与前一章中提到的表达由衷的关心不同，能够提供真诚又特别的赞美的机会不会在每次与客户的互动中都出现——不真诚的恭维会适得其反。要留意机会，真诚地赞美客户的首饰、服装、发型，甚至他们的孩子的举动。

例如，你可能会对一个客户说："这块手表太漂亮了！是泰格豪雅手表吗？"然后，假设你对手表有真正的兴趣和知识。你还可以通过再说一些话来表达你的热情，比如，"您看了杰夫·乔登参与设计的卡雷拉赛车模型吗？"客户会十分高兴你赞美他的表，无论和你说话的人是手表爱好者还是全国运动汽车竞赛协会的爱好者，你与他的互动都一定会给他留下持久而积极的印象。

最近，我在超市排队结账时，有机会观察了一下收银员与排在我前面的顾客的互动。这些当面的交流果不其然都很制式化。例如，屏幕上显示消费总额，顾客刷卡，在购物单上签字，收银员给收据，顾客感谢收银员（十之八九可能是为了感谢收了他们的钱吧）。收银员完成了一套符合工作职责的强制性动作，却没有什么令人眼前一亮的行为，也不会给人留下什么印象。建立与顾客之间联系的机会就这么永远地消失了。

尽管如此，就在那天，收银员注意到了他扫过（工作职责）的一袋狗粮，他问道："您养的是什么狗？"（工作本质）之后，收银员和顾客就对拉布拉多犬的共同爱好展开了一场热烈交流。交流时间并不长，也就20多秒，只是顾客刷卡和签收他的商品的工夫。收银员仅通过简单地提问题就表达了对顾客由衷的关心，并将乏味的、平淡的交易转化成了独特又让人印象深刻的经历。给顾客留下了印象，也和顾客建立了联系。

收银员提出的问题是自发的，表现了他的工作本质，创造一个宣传推荐人。这类互动问题不是必需的，所以，作为顾客的我们并不是总能听到，但是当我们被问及时，就会给我们留下持久而积极的印象。也许当那个顾客再次光顾这家超市时，他会迅速扫视所有收银台，如果他的"朋友"在工作的话，他很可能会特意到那列去排队。那个收银员可能也会认出他，回想起他们上次的对话，然后和他聊他的小狗。

关系就是这样形成的，客户的忠诚也是这样获得的。客户不会和商家建立联系——他们只会和商店里的人建立联系。卓越服务往往不是员工们仅仅完美履行老板要求的工作职责的结果。在大多数情况下，这是实现工作本质的自发行动的结果，例如表达由衷的关心（"您养的是什么狗？"）以及提供真诚又特别的赞美（"您不可能找到比这更好的品种了！"）。

这个例子告诉我们，表达由衷的关心和提供真诚又特别的赞美是如何不那么正式（通过随意的聊天）又频繁（在去超市日常闲聊期间）发生的。其实，同样的结果在比较正式又不那么频繁的互动中也可以产生，例如下面所讲述的例子。

🔋 案例学习
一个房产经纪人真诚的赞美和关注

在过去的 13 年里，我和我的妻子只和我们的房产经纪人吉格·威尔逊做成了一笔交易。尽管如此，她每个季度都给我们寄一张明信片，以此来保持联系。她没有将明信片外包给直邮公司来开展季度营销活动，赢得销售量和吸引客户，因为那样没法表达由衷的关心（工作本质），只会成为一般的交易（工作职责）。

相反，吉格在明信片后手写了个性化的留言。这些留言内容涉及她的孩子和孙子们的简要信息，以及问候我们的生活、孩子、事业等。基于她对我们由衷的关心，她还选择关注了我的博客。她时不时地会在某张明信片的留言里赞美我的博文，并与我分享这些博文是如何帮助她提高她的客户服务质量的。

无论留言里是否有恭维，吉格手写明信片的举动让我感到被称赞了，让我感到她足够珍惜我们之间的关系以至于愿意花必要的时间来使留言个性化，并表达出对我由衷的关心——作为一个客户和朋友。

其他的房产经纪人可能会质疑吉格在时间和金钱上的耗费。当然，这么多年来她积攒了大量的客户，她需要花费大量的时间手写明信片、贴邮票和付大量的邮资。难道她不能更有效率地将明信片外包给直邮公司吗？这样她就有时间建立人脉、获得订单、完成销量目标了。

那么，吉格表达对客户由衷的关心以及提供真诚又特别的赞美的努力所带来的最终结果是什么呢？像很多她的其他客户一样，我们原本没有搬家的打算，但我们知道，当我们真想搬家时电话要打给谁。在这期间，作为吉格的推荐人，我们把她推荐给了我们的家人和朋友。到目前为止，在我们的推荐下她又做成了六笔交易。

很显然，其他的客户也会有同感。吉格被丹佛市房地产经纪人协会评为 2011 年度 4500 名房产经纪人中第 15 位最杰出的房产经纪人。

☞ 影响给予赞美的因素

那么，有了吉格的例子，所有的房产经纪人有什么理由不向客户表达由衷的关心和提供真诚又特别的赞美呢？这听上去似乎是个反问，却值得探究和回答。大多数房产经纪人选择直邮公司（工作职责）而不是像吉格那样手写明信片（工作本质），直邮公司被看作是开发潜在客户的必要途径，而手写留言却是可做可不做的。

同样的情况也会发生在人际关系上。某些交流是必需的（例如，"你交电费了吗？"或者"你打算到学校去接孩子吗？"），如果你不进行这些对话灯可能会熄灭，你可能会接到来自你孩子学校的意外电话，但给予真诚又特别的赞美却不是必需的。正因为如此，我们中的很多人失去了给予他人赞美的机会。

当我错过这些机会时，我妻子往往都会把它们指出来。可能我忽略了她的新发型，或者低估了她最近的成绩，仅仅说"不错，亲爱的"而没有给她机会让她详细解说一下。在这方面，人们都很容易变得自满，没有表达出欣赏，却传递了冷漠。如果你选择看重人际交往中必要的常规交流，而忽视了自发地欣赏在你的生命中重要人物的机会，尽管灯还亮着，学校也不一定会打电话来，但你的人际关系就要受损了。

另一个会影响表达对他人欣赏倾向的因素是你的性格类型。迈尔斯－布里格斯类型指标（MBTI）是帮助人们区分他们不同性格类型和弄清个人偏好的评估工具。其中一个方面（思维、情感）指出了人们做决定时的偏好：更加独立、理性并遵循既定规则（思维偏好），或者更加富有同情心、共识驱动，并且看重相关人物需求（情感偏好）。当人们做决定同时使用思维和情感功能时，他们往往会偏好其中一方。

当我完成了性格测试时，我表现出对思维功能的明显偏好。没过多久我就在生活中印证了这一点。例如，在我住的社区里，垃圾都是周一收的。记得有一次出差，我周二晚上回来看到前一天放在路边的垃圾桶还在那里就感到很生气。我进屋后和妻子说的第一句话就是："为什么垃圾桶还在路边？"她回答道："咱们的房子看上去怎么样？（一尘不染。）孩子们怎么样？（他们都洗好了澡穿好了睡衣。）与其指出我没有做到的事，你不如赞美我已经做到的事。"

后来我才知道，那些在性格测试中偏好思维方面的人往往不自觉地批评，而那些偏好情感方面的人往往不自觉地赞美。无论你是否做过性格测试，你都要反省你自己的行为倾向。你平时倾向于批评多过赞美吗？如果是这样的话，你可能要抓住机会为别人的表现提供更加均衡的评价，无论在工作中还是在家里。

作家和励志演说家利奥·巴斯卡利亚（Leo Buscaglia）曾经写道："太多时候我们都低估了一个触摸、一个微笑、一句善言、一次聆听、一句诚实的赞美，或者哪怕是最小的关怀行为的作用，所有这一切都有可能让一个人的生活发生改变。"你可能会认为"有可能改变一个人的生活"，这听上去有点戏剧化。比如，如果你从事零售业，错过了赞美顾客选择手提包的机会，生活还是会继续。但思考一下，如果你在医疗保健行业工作，那么你的赞美会对病人起到怎样积极的影响。

读医学博士斯科特·路易斯·迪林（Scott Louis Diering）的《爱你的病人》（*Love Your Patients!*）这本书时，我无意中读到了下面这段话：

> 我们能送给别人最好的礼物就是赞美。赞美不需要花钱，容易准备，还能让病人知道我们花了时间来认同他们是与众不同的。
>
> 例如，当有人正遭受疼痛，赞扬他们对疼痛的忍耐力是善意的。我们可以说"你一定要很勇敢地去忍受它！"或者"你比我强多了，我可能会哭！"又或者"你可以教大家如何控制疼

痛!"。我们的赞美显示出了我们对于他们疼痛忍耐力的钦佩。

我们可以赞美我们的父母,无论在哪一方面,赞美他们的健康行为总是好的。例如,我们可以称赞他们记得自己的病历、他们的血糖日志,或者他们主动来看望我们。

此外,表扬病人的健康举动更可以鼓励他们继续这些举动。如果我们对他们做的某事加以强化,这些事将来都很有可能会再次发生。同时,如果我们忽略了他们的正确举动,这些举动就不大可能再次发生了。

我们都欣赏赞美。像作家罗伯特·奥尔本(Robert Orben)所说的:"赞美是语言的阳光。"留心真诚赞美他人的机会,让阳光照耀在你们的人际关系和你们的生意上!

☞ 如何给予真诚又特别的赞美

到目前为止,我们将赞美看作是对赞扬或钦佩的礼貌表达,但也可以不通过赞美的话语来称赞他人。我们前面已经介绍过表达由衷的关心的方法,这些方法中的其中三个也同样适用于让客户感到被赞美:称呼名字、记住偏好和征求反馈意见。

称呼名字

无论何时,在我告知姓名,或把信用卡、身份证递给服务人员前他就能叫出我的名字向我问好时,我总会觉得被赞美了,因为他足够看重我们之间的关系以至于能记住我的名字。当然,相反地,如果我在数月内每周都需要向服务人员重复几遍我的名字，我同样也不会对他印象深刻。

我的一个同事凯文从事 IT 咨询行业，在特拉华州有一个项目需要他几个月内每周都往返于丹佛和多佛。凯文对我讲，每个周日晚上他到宾馆登记入住，同一个员工都会这样问候他："您以前入住过本店吗？"

凯文将这种经历描述为"离奇的"和"可笑的"。当这种事情发生第三次时，他开始寻找宾馆内有没有隐藏摄像机。假想这个员工是个收费演员，他试图为一个现场直播节目记录下他所做出的反应。令人难过的是，并没有什么摄像机，只有一个漫不经心的员工在例行公事，像对待上一个客人那样应付着每个客人来履行工作职责。

即便记不住客人的名字，你也可以表现出你记得他，因为你认识他的脸。与凯文不断遇到的经历相反，另一个同事肖恩到加拿大艾伯塔省克里河度假村埃德蒙顿的万豪酒店，他一住进宾馆我就收到了他的一封语音邮件。他的部分信息如下。

案例学习

一个宾馆接待员的认同

我走进万豪酒店的前门，一个叫里兹万的前台接待员看了看我，然后说："欢迎您再次光临，先生！很高兴见到您！"

我对他讲："你知道吗，对于这样的小事我感到很惊讶，你每天要见到宾馆里的人成百甚至上千。"

大约有两个月的时间我都没去过那里，但他还记得我，这让我感觉很好。有趣的是，我第二周还要回到这里（埃德蒙顿），我还没预订酒店，但我已经选定了这家酒店。我对他说："我下周还来陪你！"

这件小事（就是记住我的脸）真的给我留下了很深的印象。这是一个很好的事例，猜猜看，他们就这样得到了我另一次行程的另一单买卖，实际上我之后的多次行程都住在这里。顺便说一下，这家酒店并不是最便宜的一家，另一家显然要便宜得多。记得客户就是这么重要。

尽管里兹万没能想起肖恩的名字，他仅仅是记得他的脸就足以激发肖恩的热情反馈，留下了持久而积极的印象，并且进一步鼓励了肖恩成为克里河度假村埃德蒙顿的万豪酒店的推荐人。

记住偏好

妻子和我最近接待了一个朋友的儿子——里德，他为了参加夏季大学生棒球联赛而从得克萨斯州搬到科罗拉多州。得知他即将和我们待上几周，我悄悄地询问了他妈妈，了解了他对主食、零食和饮料的喜好。

了解了里德的喜好，我们储存了所有他最爱的东西。当他打开壁橱时，就会看到一盒麦圈；当他找零食时，就会不经意发现一盒尼拉威化饼；当他想吃甜食时，只要低头仔细看一下就能找到一包多滋乐；当他渴了，他会找到很多可口可乐。因为我珍惜这份关系，所以我尽力了解里德的喜好。记住，服务是个动词，正因为如此，它需要行动。

"珍惜关系"的对立面就是认为这层关系是理所应当的。不去表现出关心或给人留下持久而积极的印象，你看上去就会冷漠，并且不会给人留下任何印象。

这对客户来讲同样如此。无论何时记住他们的喜好，无论是他们日常点的咖啡还是他们半年内的剪裁细节，他们都会因感觉到你足够珍惜你们之间的关系，而觉得得到了赞美。

里德搬回得克萨斯州后不久，我们就发现他不小心把一条训练短裤落在这里了。当我们把短裤包好还给他时，还附上了孩子们（他们很想念他）的几幅画，当然还有一包多滋乐。

征求反馈意见

通过面对面或电话来征求客户的反馈意见，并将其付诸实践就有可能加强客户的重要性，并验证客户对你们的业务的独特见解。

征求客户反馈往往弱化成了一种义务，成为一种注重过程的行为，这就使客户的评论和建议看上去落入了一个黑洞。像很多消费者一样，我经常用投硬币来决定我接受的满意度调查，因为我想不起哪些反馈意见曾得到认可。

想一想，你收到的上一封关于某公司反馈意见的信件、电话或邮件是什么时候？如果你能想起来其中一样，那么很有可能是因为你惊讶于得到的回复，并已经留下了持久而积极的印象。你知道为什么现在很多商家都征求反馈意见，却极少给予客户回复吗？因为，在大多数公司里，征求客户的反馈意见已经被形式化。这是工作职责，它是流程化且强制性的。

企业会征求我的反馈，这在它们所执行、量化和宣传的以客户为中心的战略中是必要因素，但是给客户回复或根据客户的反馈意见采取行动的决定却是"自发的"。企业不是必须这样做，并且大多数企业并没有这么做。

这里有一个关于斯图·伦纳德（Stew Leonard）先生的故事，他是著名的伦纳德百货连锁店的创始人，他向我们展示了征求客户反馈意见并付诸实践的重要性。

案例学习

斯图·伦纳德的故事

一天，伦纳德收到了一个顾客写来的建议信，这位顾客建议他在店里出售鲜鱼。其实，店里当时是有鲜鱼出售的。店里早上会发一辆小型货车去波士顿购买鲜鱼，然后返回康涅狄格州韦斯特波特的商店，之后再收拾好并装在塑料托盘中封装好，最后将包装好的鲜鱼放在冰上供顾客仔细挑选。对于这样的建议，伦纳德本可以很轻易地忽略掉，但他没有这样做。他十分尊重这份反馈意见，并给顾客打了电话进一步询问她的意见。

在电话中，他得知这位顾客将鲜鱼定义为散放在冰上的那种，而并不是在塑料托盘中封装好的。第二天，他就通知海鲜部门将鲜鱼一半像往常一样用塑料托盘封装，另一半就散放在冰上。试验一周后，他发现散放在冰上的鲜鱼比封装在塑料托盘里的鲜鱼要多卖出三倍，鲜鱼销售总额也翻了一倍。

通过征求反馈意见并付诸实践，伦纳德不仅赞赏了顾客还强化了她的个体重要性。试想当这位顾客再次来到海鲜区，看到她的建议被采纳执行，她会有怎样的感受。如果是你的话，你会感觉如何？

不要惧怕一反常规

当客户感觉到被称赞时，他们会觉得自己很重要。个体重要性指的是一个人作为客户的重要性，以及一个人通过推荐、再次购买和其他忠诚的举动为商家所带来的价值。称呼名字、记住偏好和征求反馈意见都是一些强调客户重要性的常规的称赞客户的方式。但一些最让人难忘的方式，像房产经纪人吉格·威尔逊的例子一样，往往是一反常规的。

几年前，丹佛万豪酒店的执行团队为来自美国联合航空公司的一队高管们做产品演示。万豪酒店正与很多本地宾馆竞争来争取下一年数量可观的航空机组人员过夜的房间订单。

酒店的销售部主管和总经理正在会议室做宣讲时，总经理西服口袋里的电话响了起来。起初，他似乎忽略了电话而继续做着宣讲。当这个电话明显分散了听众的注意力时，他停了下来，将手伸进衣服口袋，拿出了电话。

他的执行团队难堪地坐在那里。他不仅忘记了关闭电话，竟然在一个非常重要的产品演示过程中接了电话，这使美国联合航空公司的高管们感到很惊讶。

就在总经理接电话时，他带着扭曲的微笑看着美国联合航空公司的高管们说："抱歉，是董事长小比尔·马里奥特（Bill Marriott）的电话，他想亲自争取你们的业务。"

再一次把自己放在客户的立场上，你有没有因为这个举动感觉受到了尊重？你有没有感觉到自己的重要性？这很显然给那些高管们留下了深刻的印象。万豪酒店最终赢得了这个合同。

☞ 赞美同事

到目前为止，我们看到的赞赏的例子都是关于我们在工作中或者在家中给予客户的。我们往往会将工作中的客户看作产品和服务的消费者，在本章的剩余部分，我想要探讨一下我们工作中的内部"客户"——我们的同事。有句谚语说："员工开心，客户就开心。"确实如此。当员工们的贡献被顶头上司赞赏时，他们会觉得更加满意。因为员工们往往倾向于重复他们受到称赞的行为，因此客户在产品和服务质量一致性方面会受益。

十年前，杰克逊公司针对 20 万人进行的一项研究的主要发现是：真正有效管理的核心特征（这个因素在每个有成就的企业中都反复出现）是管理者有目的地赞赏员工才能和贡献的能力。

我曾经和部门主管菲尔共事，他向我承认他总是错过赞美他人的机会。结果，他对周围那些优秀员工的工作表现就显得很冷漠。在一项员工意见调查中，对于"在工作中你的贡献是否得到认可"这一问题的员工回答统计里，他的感觉得到了证实。

菲尔告诉我，他真的很欣赏员工们在工作中的贡献，但他总是忙于会议、待办事项清单和其他需要注意的最重要的事情。他决心更加用心地肯定他的同事们的工作贡献。为了实现这个目标，他使用了一个我称之为"五枚硬币认同"的方法。

以下讲述这一方法是如何奏效的。在每一天的开始，菲尔都会在他的右边口袋里放五枚硬币。他每次停下来赞美一个员工就会将一枚硬币转移到左边口袋（在互动之后的某个时点）。这些硬币起的作用是在一天当中用实物提醒他停下来赞美他人的工作。

如果这对于你来说太刻板或刻意，你要知道完成这件事的质量（这个或其他任何绩效管理技术）是由你的动机决定的。如果菲尔的动机仅仅是为了提高他的部门员工的意见调查评级，并以此来使他的管理工作看上去更加有效的话，那么他的行为就会让人感觉是演练好的、不真诚的。但由于他的动机是真诚地想要赞美他人，这就是一个很有效的方式。

在一天结束时，菲尔要做的事就是数一数左边口袋里的硬币。如果里面只有一两枚硬币，他就会意识到他这一天太过于专注以至于没能通过赞美认同员工。但如果他左边口袋里有四五枚硬币，那么他就知道在通过给予真诚又特别的赞美来认同员工的工作上他表现得还不错。

下面是另外一种有创意地给予真诚又特别的赞美的方式。图 3-1 描绘了一张免费赞美海报。我之所以喜欢这张海报是因为它用实物提醒了人们认同他人。因为它就在我们面前，它可以帮助我们仔细考虑在何种情况下赞美他人，而在何种情况下不要这么做，因为称赞他人的机会还没到。

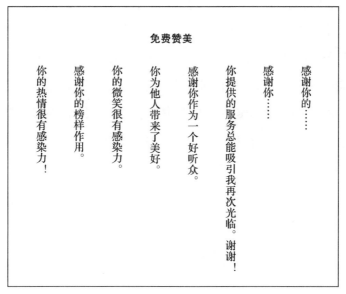

图 3-1 免费赞美海报

思考一下做一张你自己的免费赞美海报，为你的工作环境量身定做一些赞美他人的话，这会有效鼓励员工们说出赞美他人的话，并和自己的同事们相互称赞、相互激励。无论事先是否印好了适合环境的赞美他人的话，以海报的形式展示出来就可以提升员工们在工作中给予真诚又特别的赞美的意识。

根据盖洛普民意调查结果显示，65% 的北美人反映他们在前些年的工作中没有得到认可。这提醒了管理者们需要有意地表达对员工的欣赏，并仔细考虑以何种方式来认同员工们的才干和贡献。

1992 年，我首次担任万豪酒店的管理职务，直属领导是马克·康克林（Mark Conklin）总经理。尽管马克管理着 200 多个员工，但每个员工在生日时都会收到一张他邮寄的手写生日贺卡，并且他从来不会只在事先印好的"生日快乐"旁边潦草地签上自己的名字。他会花些时间写下一整段话来强调这个员工这段时间对酒店的贡献，感谢他忠于职守的优秀表现，并祝他生日快乐。

对于马克来讲，将这些贺卡通过企业内部邮件的方式寄出可能更容易些，这样员工们在工作时就可以收到贺卡了，但他却选择将这些贺卡邮寄到员工的家中。对此他解释到，员工们可以在自己的家人面前打开贺卡，他们就会因为与家人分享了企业对自己有价值的工作表现的肯定，感到很骄傲。

尽管这件事发生在 20 年前，但直到今天我生日时还是会收到马克手写的贺卡。我把它们和我在这个公司 20 年来所收到的纪念品一起收藏着。它们对我来讲意义非凡。

2011 年 12 月 13 日，小比尔·马里奥特（人们喜欢称他比尔）宣布卸任万豪国际集团的首席执行官。首席运营官苏安励（Arne Sorenson）于 2012 年 3 月正式接任首席执行官一职。苏安励只是万豪国际集团 85 年历史中的第三任首席执行官，却是唯一一个来自万豪家族以外的首席执行官。

小比尔·马里奥特稳坐首席执行官位置 40 年，这给了华尔街的分析评论员们自信，即便是在一些动荡的经济周期里，小比尔·马里奥特也让企业 25 万名员工确信他们会受到公平、尊重的对待。员工们甚至因为知道在万豪品牌后站着一位真正的"万豪先生"⊖而感到安慰。

由于苏安励接替了首席执行官这一职务，企业顶层就不再是小比尔·马里奥特了。因此，华尔街可能要有一些更严格的审查。此外，员工们可能会对企业的举措提出怀疑，并且客户们可能会质疑企业长久坚持的由创始人儿子提出的承诺——保持高品质的产品与服务。

当这个就职公告发布时，我正在分发节日贺卡，决定给苏安励也寄一张，简要地祝贺他的荣升。尽管我已在万豪工作多年，但我私下里却不认识苏安励。事实上，我甚至都没见过他。我和他唯一的联系就是我曾在万豪工作过。当然，我也从来没有期盼过收到他的回信。但令我惊讶的是，这位即将成为市值 250 亿美元企业的首席执行官居然花时间寄给了我一张手写的卡片，感谢我的祝贺。

读完苏安励的留言，我想起了 20 年前我收到马克寄出的生日贺卡，我十分确信万豪掌握在一群十分优秀的人手中。

⊖　小比尔·马里奥特的英文是 Bill Marriott。"马里奥特"和"万豪"的英文相同，因此这里把"马里奥特"翻译为"万豪先生"。——译者注

当华信惠悦咨询公司（Watson Wyatt）让员工们定义"非常重要"的行为激励因素时，66%的人说"欣赏"。通过"有目的"地赞赏员工们的才干和贡献，我们就不会因为工作繁忙而不经意错失掉欣赏他人的机会。

· · ·

像本章所介绍的那样，给予他人真诚又特别的赞美反映出卓越服务的三个要义。

第一，它反映工作本质——最重要的事情，每个服务业从业者工作角色中最关键的方面。

第二，它始终是自发的。员工"选择"去提供真诚和特别的赞美。

第三，它没有额外花费。赞美不需要花钱！

设想一下我的前总经理马克的工作角色，像所有总经理的工作角色一样，它由两部分组成：工作职责和工作本质。多数的大型企业都有一个现成的体系来记录员工们的纪念日——如任职纪念日和生日，但即便记住了这些日子，由于操作手法让人感觉自动化、机械化、缺乏人性化，也会使工作本质变成工作职责。

不管什么时候，当收到一张没签名的事先印好信息的卡片，或者卡片上的签名是电子签名时，我都感觉到它散发着效率的气息，会降低这个举动的效果。因此，当利用系统来记住员工们的纪念日成为经理的工作职责时，马克手写的个性化留言、给予员工真诚而特别的赞赏向我们展示了他的工作本质。

大型企业的经理们经常"需要"记住员工的纪念日，这是平衡计分卡管理方法的一部分，能使经理们对各种指标负责，包括员工满意度。尽管如此，马克决定手写个性化的留言来赞美员工近期的工作表现，并将贺卡邮寄到员工家中，以便他们与家人分享，这的确是一个自发的决定。他本不需要采取这些额外的举动，并且大多数总经理也没有这样做。

马克手写贺卡给予员工们真诚又特别的赞美，并将这些贺卡邮寄到员工家中花费多少钱呢？记住：不要在意额外的花费。毫无疑问，马克在日程中留出了时间在贺卡上写下了个性化的留言，他本可以选择通过免费的企业内部邮件发送，但他采用邮寄，虽然产生了一些费用，与一个尽职的员工所带来的长期财富贡献相比，这些花费都是微不足道的。

如弗雷德里克·莱希赫尔德（Frederick Reichheld）在《忠诚的价值》（*The Loyalty Effect*）一书中所说，员工忠诚度仅提高 5% 就可以增长 50% 的效益。这就强化了员工满意度和商业业绩之间的正相关关系。

小比尔·马里奥特的"成功的 12 条守则"其中之一就是"照顾好你的员工，他们就会照顾好你的客户，客户就会再来光顾"。照顾好你生命当中重要的人，无论是在工作中还是在家里，从欣赏他们开始。其中一个实现方法就是有目的地给予真诚又特别的赞美和认可。

从平庸到卓越

√ 积极的关系始于积极的互动。我们必须有意识地积极寻找机会来给予真诚又特别的赞美。

√ 员工拿薪水为了执行一系列必需的工作职责。但是员工可以选择给予真诚又特别的赞美，这不需要花钱，是自发的。

√ 客户不会与商家建立联系，他们只会与企业内部的人建立联系。

√ 如果你选择关注关系中必需的常规交流而忽视掉自发地赞美你生命中重要人物的机会，你们的关系就会受损。

√ 在迈尔斯－布里格斯类型指标（MBTI）中，偏好思维的人往往不自觉地给予批评，而那些偏好情感的人往往不自觉地给予赞美。回想一下自己的行为倾向，批评多于欣赏吗？如果是的话，你需要对他人的表现给予更公正的评价，无论是在工作中还是在家中。

√ 你可以不用赞美的话语来称赞他人。例如，当服务人员通过称呼名字、记住偏好、征求反馈意见来赞赏客户时，顾客就会"感觉得到了赞美"。

√ 杰克逊集团针对20万人进行的一项调查的主要发现是：真正有效管理的核心特征是管理者以一种有目的的方式称赞员工的才能和贡献的能力。

√ 给予真诚又特别的赞美反映工作本质，它是每个服务业从业者工作角色的关键方面，是最重要的事情。

√ 给予真诚又特别的赞美往往是自发的。员工们"选择"给予他人真诚又特别的赞美。

√ 给予他人真诚又特别的赞美不需要额外的花费，赞美他人是不需要钱的。

☞ 运用真诚又特别的赞美

在下面的空白处记录下一些案例，看看你是如何运用本章的概念去提高你所提供的客服质量和影响的，如何从平庸到卓越！

平庸	卓越
为了有效率地维持与客户的联系运用电子邮件。	为保持与客户真诚的关系手写留言，使邮件更人性化。
●	●
●	●
●	●
●	●

第 4 章

分享独家信息

本章献给一个亲爱的朋友兼同事，他的名字叫约翰·巴克利（John Barclay），于 2007 年的春天过世。约翰以前是一位中学老师并在波士顿大学取得了硕士学位，他学识过人。在职业生涯初期，他在英国一边学习一边做演员从事表演工作，他还担任社区剧院作品的导演直至 2006 年。约翰独特的教育背景和剧场经历使他在万豪国际集团成为一名十分有魅力的全国培训师。

因为和约翰共事并参加过他的培训课程，我开始欣赏他吸引成年学员的独特能力，他总能将培训手册上的内容用富有活力的方法教授。除了他的公共讲演技巧，约翰在分享有趣的故事来强调课本中的重要内容方面也很有诀窍。一天晚上，我和约翰相互交流彼此的感受，我和他分享了我的观察结果。接下来的对话教会了我"独家信息"的概念。

得知我在纽约的一家宾馆已经工作了近四年，约翰问道："史蒂夫，你之前工作的那家宾馆的会议室名称你还记得吗？"

我回答道："奥德兹、怀尔德、康托尔、乔尔森……"

他打断我问："如果我是客户，问你为什么这间会议室起名叫奥德兹，你会怎么解释？"

我想了一会儿，意识到我不知道"奥德兹"这个专有名称的意义。我对约翰承认了这个事实："你知道吗？我太习惯这些会议室的名字而从来没考虑过它们的含义。"

约翰没有向我说教，而是强调知道这些专有名称的确切意义，了解关键人物的背景，以及了解我们工作的社区和建筑的历史和故事是我们的责任。

回想起这段对话，那天晚上我上了宝贵的一课：工作常识足以满足客户预期，但如果你的目标是超越预期、取悦客户，独家信息就是必需的。

☞ 独家信息使客户体验更具价值

工作常识这一主题在第 1 章讨论工作职责和工作本质的部分已经介绍过了。工作常识指点员工们准确、安全、有效地执行他们的工作职责。工作常识（例如，操作时间、产品特性、退货规定）是员工必须掌握的，也是客户们期望的。培训项目、企业规章和员工操作程序都要求员工掌握工作常识。员工拿了薪水就需要掌握工作常识，并与客户和同事分享信息。

尽管如此，独家信息使员工们能够体现出工作本质——工作中的最重要的事。这不是员工们必需的，也不是客户们能预料到的。独家信息超越了与工作职责有关的内容。大多数情况下，它不会出现在一本书或员工手册中。员工们自发地获得独家信息并与客户和同事共享。

与客户分享独家信息导致了可预知的交易和使人耳目一新的服务体验之间的不同。这里有几个例子将告诉我们面向客户的员工是如何分享独家信息的。

- √ 关于建筑的独家信息。"这家宾馆真的有些历史了。实际上，在 1962 年，当这家宾馆还叫谢尔顿塔酒店时，著名的魔术师哈里·胡迪尼（Harry Houdini）曾从这个房顶下的一个密封的水牢中逃脱出来。"

- √ 关于社区的独家信息。"我们的餐馆坐落在煤气灯街区，它是以 20 世纪初期街上成排的煤气灯命名的，那时这个地区是以黄貂鱼为名的红灯区。这个名字可能来自圣迭戈海湾凶猛的黄貂鱼。据说，你可能会像在海湾里的黄貂鱼一样被蜇得很厉害。"

- √ 关于员工的独家信息。"我们的首席网球教练是前男子职业网球巡回赛（ATP Tour）选手，他曾与很多前世界级球员共同比赛过，例如安德烈·阿加西（Andre Agassi）、吉姆·考瑞尔（Jim Courier）和皮特·桑普拉斯（Pete Sampras）。您想和他预约一个上课时间吗？"

- √ 关于产品的独家信息。"这是您的浓缩咖啡玛奇朵。您知道吗？'玛奇朵'在意大利语中的意思是'标记的'或'着色的'。浓缩咖啡是用一茶匙的牛奶来'标记'的。"

- √ 关于专有名词的独家信息。"您的会议在四楼的奥德兹会议室举行。这个会议室是以剧作家克利福德·奥德兹（Clifford Odets）的名字命名的。他写过的作品有《等待老左》（*Waiting for Lefty*）和《醒来歌唱》（*Awake and Sing*）。我们的会议室都是以剧作家的名字命名的。不管怎么样，您现在是在剧院区。"

虽然客户欣赏出色的员工，但他们也看重有知识的员工。员工掌握的独家信息越多，他们为客户体验带来的价值就越大。

☞ 独家信息带来的益处

员工们掌握与工作常识相关的独家信息是有益处的，但是原因各有不同。工作常识指导、支持销售工作，并且为企业的产品和服务提供普遍广泛的视角。独家信息吸引客户，创造销售机会，并且提供关于企业产品和服务独家的"内部"视角。

独家信息吸引客户

工作常识起到的是指引作用，独家信息起到的是吸引作用。作为客户，我们很有兴趣从别人口中得到独家信息。当获悉独家信息时，我们往往会集中注意力专心地倾听。

广播音乐节目主持人总是能够从容地、循序渐进地向他的听众透露独家信息。他们意识到独家信息可以使人入迷，当这招运用得恰当时，它就有一种能够吸引听众的力量，即便是在歌曲之间插播 7 分钟的广告也并非不可。

我最近听到本地的广播音乐节目主持人分享了一则他的独家信息："平克·弗洛伊德（Pink Floyd）乐队的一首歌中，主唱不是乐队的成员。下面我就要为大家播放这首歌曲。"随后我就听了好几分钟的广告等他回来把这个故事讲完："在这首平克·弗洛伊德乐队的歌中，你不会听到罗杰·沃特斯（Roger Waters）或者大卫·吉尔摩（David Gilmour）的歌声。由于无休的录音安排，沃特斯的嗓子哑了，吉尔摩也不想演唱这首歌了，所以他们请一位正在演播厅的录音室里录音的朋友帮了他们这个忙。下面就是平克·弗洛伊德乐队带来的歌曲《抽支雪茄》（*Have a Cigar*），主唱罗伊·哈珀（Roy Harper）。"

对于主持人分享独家信息的这种方式，电台的广告赞助商们都很喜欢，因为这会使听众们在插播广告时继续守候在收音机旁而不是转台来避免收听广告。

独家信息也可以运用在客户服务环境中来吸引客户。我想起一个空乘人员用独家信息来缓和在芝加哥奥黑尔国际机场的一次飞机晚点所带来影响的案例。当我们在停机坪等待飞机着陆后分配停机位时，她用飞机的对讲机系统和我们分享了关于这个机场的有趣故事。

"这个机场建于 1942—1943 年，"她回忆道，"这里在第二次世界大战期间是道格拉斯 C-54s（Douglas C-54s）飞机的建造工厂，战后这里变成机场，命名果园机场（Orchard Field Airport）。这个名字来源于附近的一个叫果园的种苹果和庄稼的农业社区。这就是奥黑尔国际机场代码'ORD'的来源。"

乘客们听得起劲，她继续说道："机场在 1949 年被重新命名为奥黑尔国际机场，这个名字来源于爱德华·奥黑尔（Edward O'Hare），他是美国海军的第一个王牌飞行员，是第二次世界大战荣誉勋章的获得者。"

当飞机突然向登机口的方向推进时，她说："看来有一个登机口已经可以使用了，我希望大家喜欢奥黑尔的历史。欢迎来到芝加哥！"

就在这时，机舱里响起了乘客们自发的掌声。

独家信息创造销量

工作常识能够支持销售，而独家信息却可以创造销量。试想一家不错的餐厅里，一名服务人员可能掌握的工作常识，例如，他会非常了解菜单里的菜品，以及它们的原料、准备工作和调味料。服务人员当然也会掌握菜单不断变化的信息，例如鲜鱼的市价、每日特色菜和每日汤品。

与工作常识不同，独家信息是令人出乎意料的。它是令人耳目一新的、有趣的，有时甚至是使人愉快的。因为它是独家的，它就可以丰富服务体验。独家信息是特别的，并且更有可能给客户留下持久而深刻的印象，甚至有力量来影响销量。

让我们来举个两名服务生向客户介绍同一道菜品的例子——一名叙述工作常识（意料之中的、常规的），另外一名传达独家信息（出人意料的、令人耳目一新的）。

工作常识："今晚我们的特色开胃菜是鹅肝酱。您有兴趣点一份吗？"

独家信息："我们的主厨在费城享有盛名的烹饪学校接受过培训，并且在乐缤纷餐厅做过学徒。他还曾到法国去游学，学到了很多法式佳肴的做法，比如松露、蜗牛、鹅肝酱。实际上，鹅肝酱就是我们今天的特色开胃菜。您想要来一份吗？"

现在，仔细想想，如果你是这位顾客，你可能会接受哪位的推荐呢？——即便你开始就没打算点鹅肝酱。

我还发现了一些其他的真实状况：哪种建议有可能会引发价格问题，从而可能会影响客户要不要点鹅肝酱的决定。听过第二个建议后，（垂涎欲滴，因为服务生的描述很可能激起巴普洛夫条件反射）我猜测对于大多数客户来讲，鹅肝酱的价格已经无关紧要了。

因此，重点是获得尽可能多的关于你的商品、服务、企业文化和历史，你所在的办公大楼、社区、公司里的人，甚至是专有名称（例如，为什么这个牛排连锁店的名字是"茹丝葵"呢？）的独家信息。你提供给客户更加丰富的服务体验，他们就会使你更加地——嗯，富有！

还有一个例子是关于大型超市里的肉类加工人员的。我想起小时候在康涅狄格州哈特福特山边大道附近的一个肉类加工人员和我的祖母分享了关于肉的不同切法、制备工艺，以及如何利用剩骨头的小窍门的经历。由于他通过分享专业知识和客户们建立起了融洽的关系，他获得了向客户提供建议，以及交叉销售像混合香料和腌泡汁这类商品的机会。

随着现在大多数超市经营规模的不断扩大，很多肉类加工人员已经从台前转到幕后，他们在超市内部与客户之间的互动仅限于通过对讲机发布通知。这些专业食品制备员的角色从我们熟悉的在意客户的肉类加工人员（他们与客户建立亲密的联系，记住客户的名字，了解他们的偏好，回答他们的问题并提供专业建议）变成了无特色的、重过程的员工（他们最重要的事情是生产出足够的牛肉饼、鸡胸肉、腊肠和鱼排来填满肉类和海鲜区）。

以我的经验，肉类加工人员是大多数超市中未被开发的资源，他们没有被当作可以分享独家信息的专业食品加工人员甚至是厨师，而是被边缘化为一个单纯的肉类切割者。如果你碰到一个肉类加工人员，他可能只会说把你的里脊切成 2 英寸⊖的肉片。这种差别将我们记忆中重视客户的经历，与在海鲜和肉类柜台平庸的、重过程的交易区别开来。

多年来，我们当地超市的肉类和鱼类加工人员吝啬于给予客户专业的建议，仅提出一些像"把肥肉剃掉、加点盐和胡椒"（工作常识）这样的建议。相反，他们本可以提供一些小窍门，比如烤鲑鱼时，建议客户将鱼排在用蜂蜜、豆豉酱、黄油、橄榄油和红糖调好的酱汁中均匀地腌制，淋上柠檬汁并用欧芹做装饰。此外，如果客户感兴趣，他们还可以提供一些烤制技巧，像烤的时候外面蘸上些橄榄油以防鱼排粘在一块，或者把烤箱预热到 325 摄氏度，先烤带有鱼皮的一面，让内部温度保持

⊖　1 英寸 = 2.54 厘米。

在 140 摄氏度（独家信息）。

考虑一下上面的第一个建议——把肥肉剃掉、加点盐和胡椒。仅仅应用工作常识，肉类加工人员所提到的调料只有盐和胡椒两种。大胆推测一下，大多数客户家里都会有这两种调味料。现在，再想一想第二种建议——将鱼排放在用蜂蜜、豆豉酱、黄油、橄榄油和红糖调好的酱汁中均匀地腌制，淋上柠檬汁并用欧芹做装饰。通过提供独家信息，肉类加工人员提到了七种调味料。如果客户兴致来了，又有多少人家里可能同时具备这七种调味料呢？

如果我是客户的话，我会快速回想一下家里储藏室的储备，并买齐蜂蜜、红糖、柠檬和欧芹。想想你会怎样做，你会在购物单上再增加点什么？但重点是，通过分享独家信息，肉类加工人员表达了对客户由衷的关心，传达了对这份手艺的真正热情，给顾客留下了持久而积极的印象，同时提高了超市的销量！

而独家信息最常用的传达方式就是口头传达，它也可以通过书面标识传达。我想起在星巴克排队时注意到一个咖啡杯卖 8.95 美元。我的第一个想法就是，我最不需要的就是另一个咖啡杯。如果我要买这个咖啡杯，我可能不会付全价。我四处看，寻找着贴有红色打折标签的咖啡杯，因为毕竟咖啡杯就是咖啡杯，不是吗？也可能不是。

在这些咖啡杯旁边，我注意到一张显眼的展示卡片，上面写了一些关于这款咖啡杯的背景信息：

　　萨法拉杯：日本土岐的陶艺家们采用世代相传了 400 多年的技术制作，售价 8.95 美元。

这不再"只是一个咖啡杯"。它是一件独一无二的陶艺品，由继承了世代相传的手艺的工匠手工制作出来。8.95 美元的售价也显得不那么高了。显然，介绍这个杯子的起源及制作工艺是明智的。

现在，我不幻想这个杯子会升值，可能某一天会成为史密森尼博物馆的一件收藏品。重点是，通过分享独家信息，这件日用品（一个咖啡杯）已经被转化成一件艺术品。

独家信息会使客户体验增值。这在某种意义上讲很有趣、很吸引人，并引起了人们的注意。你注意到它。这是令人难忘的。

思考一下你自己的产品和服务。你怎样才能通过分享独家信息来使它增值呢？你讲述什么样的故事可以吸引你的客户，使你的产品是独一无二的，并证明你的溢价是合理的呢？

独家信息提供"业内人士"的视角

虽然工作常识为企业的产品和服务提供了普遍宽泛的视角，独家信息却为产品和服务提供了独一无二的"业内人士"的视角。为客户提供特殊的内部信息，你就分享了独家信息，比如迪士尼乐园不用排队的方法，如何淘到剧院的半价票，在附近的哪条小路慢跑可以看到美丽的风景，或者当地人比较喜欢的非连锁的意大利餐馆都坐落在哪里。

红酒体验咖啡厅（Wine Experience Café）位于科罗拉多州奥罗拉，它的所有者埃尔登·拉森（Eldon Larson）通过提供内部信息使预定红酒的经验变得不再神秘，让服务生在为客人提供建议时都表现得非常自信。拉森的说法是：

> "高级餐厅里新来的服务生缺乏经验，不敢对顾客所点的食物该搭配哪种红酒给出指导建议，这是非常常见的。这些红酒

都产自法国，我用这个国家的地图来给没有经验的服务生介绍这些红酒的产地，从那里开始，我与使用同种类葡萄酿酒的国家建立了联系，通过让服务生品尝来自不同国家的红酒，让他们把这些红酒在口感上的区别记录下来。"

拉森还使用一个基于地图的系统来帮助那些缺乏经验的服务生，让他们帮助客人选择红酒并能说出关于红酒品种的独家信息。暂且不考虑你是负责点餐的服务生还是光顾的客人，你都能从拉森的方法中获益。

在接触红酒的过程中，服务生进一步得到鼓励，更自信地将他们闻到的和品尝到的信息用语言表达出来。这能帮助他们向客人讲清楚无甜味的法国雷司令（French Riesling）和有甜味的德国雷司令（German Riesling）的区别，又或者是口感清爽的法国黑皮诺（French Pinot Noir）和色泽更深、口感更醇厚的俄勒冈黑皮诺（Oregon Pinot Noir）的不同。

尽管服务生们要花上 90 天才能完成拉森的专业品酒训练，但通过使用一张描绘法国每个红酒产区的简单地图，他们可以从客人入席就准备好做出有根据的红酒推荐，并且通过与餐厅客人分享拉森的品酒地图，服务生拥有了分享独家信息的能力，并给客人留下持久而积极的印象。

☞ 如何分享独家信息

与工作常识类似，独家信息也有不同的种类，包括关于产品和服务的信息、关于竞争对手的信息，或者关于客户的信息。与事先可被预料的工作常识不同，缺乏工作常识可能会让客户感到失望，而独家信息通常都是超出预期的，它的出现会使客户愉快——从而产生消费！

分享关于产品和服务的独家信息

几年前，我要为妻子买一个旅行袋，因为她的工作需要经常出差。她当时用的那个旅行袋已经明显磨损破洞了。我在购物中心的一个行李箱店停下，售货员给我看了一个黑色的途明（Tumi）旅行袋。

我一边检查旅行袋一边查看了价格——400美元。我对售货员说："我真的很喜欢这个旅行袋，但400美元的价格已经超出我的预算了。这个旅行袋打折吗？"

她回答道："我们只有在颜色和款式不全的时候才会打折。"

我没有再看那家店里我本来想买的其他东西，感谢了售货员，然后离开了。

几分钟后，我在商场内的另一家行李箱店停下脚步，四处看看。唯一吸引我眼球的还是那个黑色途明旅行袋，它再次映入我的眼帘。我看了一下价签——400美元。一个售货员走过来询问她是否能提供一些帮助。我问了同样的问题："我真的很喜欢这个旅行袋，但400美元的价格已经超出我的预算了。这个旅行袋打折吗？"

那个售货员也给出了同样的答案："我们只有在颜色和款式不全的时候才会打折。"我自顾自地想道："好吧，至少她们的说法是一致的。"但之后这个售货员说了些我之前没听到的话。

她说："您是对的。这个旅行袋是不便宜，一个旅行袋400美元确实是笔大开支，但是您注意到途明独特的产品保证和追踪回收系统了吗？"

我疑惑的表情使她继续说下去："这个旅行袋是由防弹尼龙布制成的，它可以抵御多次旅行所带来的磨损。如果您的途明产品在您购买的第一年就极其少见地出现损坏，包括日常磨损、航空或其他运输中损坏，途明会承担维修的所有费用，包括从运费到配件维修费。如果它已经损坏到无法修复的程度，途明就会给您换一个。同时，途明的保修期会从您所购买的第二年延续到第五年，涵盖任何由于材料或工艺缺陷造成的维修，包括结构上的缺陷。"

此时，我赞同地点了点头（这位售货员没有错过这个购买信号）。

她继续说道："途明也提供专属的免费服务，叫作途明产品追踪计划，这可以帮助顾客们找回他们丢失或被偷的行李。每个旅行袋上都有一个印在特殊金属牌上的号码，这个金属牌会一直跟着产品。注册之后，这个号码就会和顾客的相关信息一起输入追踪数据库。自这项技术 1999 年推出以来，途明产品追踪计划已经帮助成千上万的顾客找回了他们价值不菲的途明产品。"

最后我买了这个 15 分钟前我在第一家行李箱店没打算买的价值 400 美元的旅行袋，而所有的这一切都是因为这位售货员肯花时间和我分享她的独家信息，并让我相信，由于我妻子经常出差，我真的不能不花钱买下这个包！

你可能在想："这些关于产品保证和特性的信息难道不都是工作常识吗？"你只说对了一半，因为这位售货员所分享的信息有一半是我预料到的。可是，如果售货员的工作常识超越了顾客所能够想象到的合理范围，那么这些常识就变成了独家信息。

分享关于竞争对手的独家信息

如果说关于竞争对手的产品或服务的工作常识是可预料的，并有可能帮助客户清晰地做出购买决定，那么分享关于竞争对手的产品或服务的独家信息往往是客户预料不到的，可能影响客户做出"明智的"购买决定。

除了获得自己公司所售卖产品的规格、特性和优势等信息外，也必须尽量多地了解到竞争对手所能提供的产品信息，专业的销售人员都已经认识到了这一点。

也许这种行为最好的诠释者就是克里斯·柯林格勒（Kris Kringle）在 1947 年电影《34 街奇缘》（*Miracle on 34th Street*）里面的角色了。当在梅西百货扮演圣诞老人时，克里斯引导节日购物的顾客前往金贝尔斯和其他商店寻找他们想要的玩具，这引起了不小的轰动。他之所以能够这样做是因为他对竞争对手的玩具选择有独特的了解。

我之所以欣赏这个例子，是因为除了分享独家信息外，它还展现了商场管理者们应具备的一种宽宏的态度。面对竞争对手没有害怕或把他们当敌人看，管理者们包容了竞争对手并把他们当作伙伴。结果，梅西百货在提高了整个行业的销量的同时，更好地服务了客户，水涨船高。

不过好莱坞不是唯一展现这种宽宏态度的地方。这里还有一个关于我岳父埃德的例子，他在丹佛经营着一家餐厅。

🔵 案例学习

一个包容竞争对手的餐厅老板

几年前，埃德花高价在当地的报纸上刊登了整页的广告，广告这样写道："拿着这则广告去你最喜欢的餐厅，两人用餐可优惠 10 美元。"这则广告没有特别提到某家餐厅的名字，也没有留下任何联系方式。

顾客们开始拿着餐券出现在丹佛的各个餐厅，于是那些迷惑的餐厅老板们就联系报社询问是谁登的广告。我岳父登这则广告的消息在餐厅老板间逐渐传开了，他们开始给他的餐厅打电话。

他们的对话往往是："嘿，埃德，我的餐厅里有些顾客来用'你们的'优惠券！"我岳父回答道："那不是我们的优惠券，是大家的优惠券。但如果你们不想成为他们最喜欢的餐厅的话，就让他们到我们这里来吧。能成为他们最喜欢的餐厅，我们会非常荣幸的！"

多年来，埃德宽宏的态度大大减少了竞争对手对他形成的障碍。作为全国餐饮协会（National Restaurant Association）的前董事会成员和科罗拉多餐饮协会的创立者，他非常努力地致力于推行改革使全餐饮行业受益。他也经常光顾竞争对手的餐厅，还为他们带去顾客。这样做在支持他们的同时还能获得他们的酒水单、菜单、价格和其他竞争要素的独家信息，并因此能更好地服务自己的顾客。

埃德的态度很有感染性。一次，我们一群人在埃德的一间餐厅的露台上享受餐前饮料。我们这群人中就包括一个叫韦恩的竞争对手，他经营着一家牛排店。在我们几个人表达了晚餐想点牛排的意愿后，埃德说："我知道咱们镇上哪里能吃到最好吃的牛排！"

尽管他自己的餐厅菜单上有好几种牛排，埃德还是给韦恩的牛排店打了电话，订了四整块牛排并安排人送到了餐厅的露台上，还全部买了单。

与埃德对比一下，人们对待竞争对手的态度往往是傲慢的（例如，"我们的牛排比其他任何一家的牛排都好吃！"）和怀疑的（例如，"我保证他来这里是为了挖走我的员工！"）。他们的这种态度常常是在一种潜在的信念下滋长出来的：能够得到的回报（例如，市场份额、利润、人才）就那么多，如果竞争对手以某种形式得到了回报，那么我肯定就会由于他们的成功而受到不可挽回的损失。

努力对竞争对手表现出谦虚、坦诚、亲切，能创造出一个开放和信任的环境。要有一种意愿甚至是热情去分享独家信息（最好的实践，不是商业机密），并且要以提高提供给客户的产品和服务质量为目标。

分享关于客户的独家信息

客户们希望你能掌握关于他们习惯、偏好等方面的信息，这些信息可以帮助员工们更好地了解客户并且满足他们的期望。但真正了解他们的习惯、喜好等独家信息是客户们所没预料到的，并且可能会使员工们为了"超越"客户的期望而更全面地了解他们。

在前面，我建议记录和收集客户的偏好信息来表达对客户由衷的关心，通过给予他们赞美强调他们作为客户的重要性。每当一家公司收集到了关于客户偏好的信息时，它就得到了关于这位客户的独家信息。这些信息现在由企业支配，并且未来可能会决定你是满足客户预期还是超越客户预期。

航空公司、宾馆和汽车租赁公司多年来维护这些数据信息就是为了能够预测它们的老客户的需求。通常来讲，一个客户对于靠近过道座位的偏好、对于一间无烟大床房的偏好，或者对于一辆最大尺寸汽车的偏好不会每月一变。当商家们将这些客户的偏好信息存档时，就可以在客户预订时节省客户的时间，并且使客户确信自己作为这个品牌的老客户被认可。

我们当地的超市开展了一项顾客挽留项目（尽管这家超市称之为忠诚项目，但它确实是一个留住顾客的项目，因为顾客会被打折刺激而参与进来。）。顾客们登记后就可以得到一张打折卡，这张卡会在柜台结账时使用。用这种方式，关于每个顾客偏好的独家信息就可以在每次交易后被记录并储存。

随着时间的推移，这家超市掌握了关于顾客购物习惯、偏爱品牌和消费总额的有力信息。有了这样的独家信息作为基础，开展针对每个顾客家庭需求的市场促销便成为小菜一碟。

也有其他获得顾客独家信息的方法。例如，社交媒体为企业或品牌提供了实时的谈话内容资源。如果一个顾客发布微博时说在某机场除了特惠快餐没有其他用餐选择，那么社交媒体上监管机场的工作人员就可以回复这位顾客，给他提供健康食品和饮料商店的名称和位置。

· · ·

正如本章所讲的，分享独家信息体现出卓越服务的三个要义。

第一，它反映工作本质——最重要的事情，每个服务业从业者工作角色中最关键的方面。

第二，它始终是自发的。员工"选择"去获得和分享独家信息。

第三，没有额外花费。独家信息不需要花钱！

回想一下卖给我途明旅行袋的那位售货员的工作角色。像所有售货员的工作一样，它由两部分组成：工作职责和工作本质。我在第一家行李箱店遇到的售货员，在我询问这个旅行袋是否打折时回答我"我们只有在颜色和款式不全的时候才会打折"，这句话体现了她的工作常识（工作职责）。

但我在第二家行李箱店遇到的售货员却同时向我展现了工作常识（工作职责）和独家信息（工作本质）。她分享了超越消费者预期的产品信息。

售货员必须了解关于他们所售商品的工作常识，例如产品规格、特性和优势。尽管如此，第二个售货员为了能够更好地服务客户与之分享了额外的产品信息（独家信息），这是"自发的"行为。她不是必须采取额外的步骤，并且大多数售货员也没有这样做。

第二个售货员分享她获得的关于途明产品追踪计划的独家信息需要花钱吗？分享独家信息没有额外的花费。售货员们获得额外的产品信息确实需要花些时间，可是她们可以更好地打消客户顾虑和强调产品价值，将产品更全面地呈献给潜在客户。通过这么做，售货员获得独家信息的投资就可以不断得到回报。

从平庸到卓越

√ 工作常识足以满足客户预期，使客户满意，但如果你的目标是超越客户预期和取悦客户的话，那么分享独家信息就是必需的。

√ 工作常识指导员工能够准确、安全、有效地执行工作职责。这是员工必需的，也是客户期望的。它存在于培训项目、企业规章和员工操作程序中。

√ 分享独家信息使员工们能够反映工作本质——他们在工作中最重要的事情。分享独家信息不是员工必需的，也不是客户们能预料到的。

√ 独家信息超越了与工作职责有关的信息。多数时候，独家信息不会在书里或员工手册中出现。

√ 员工们自发地获得独家信息并与客户和同事们分享。

√ 当员工们获得并与客户分享独家信息时，这就将令人耳目一新的服务与仅仅满足了客户预期的交易区别开来。

√ 虽然客户们欣赏出色的员工，但他们更看重有知识的员工。员工掌握的独家信息越多，他们为客户购物体验带来的价值越高。

√ 独家信息是吸引人的。当你透露它时，客户们往往有意地集中注意力聆听。

√ 独家信息创造销量。由于它是特别的、意想不到的，它更有可能给客户留下持久而积极的印象，并会影响销量。

√ 独家信息提供了"业内人士"视角。这种方式让我们与客户之间建立了直接的融洽关系，并且强调了客户的重要性。

√ 当员工们掌握的关于企业产品或服务的信息超越了人们能够预料到的范围时，那么它就成了独家信息。

√ 获得关于竞争对手的独家信息不需要间谍行动和夜视镜。努力对竞争对手保持谦虚、坦率和亲切的态度能够创造开放和信任的环境。分享独家信息的愿望甚至是热情，要以提高提供给客户的产品或服务的质量为目标。

√ 企业可以通过征求或者记录客户的偏好并存储信息来获得关于客户的独家信息，然后检索这些信息以便日后更好地为他们服务。

√ 分享独家信息使员工们能够反映工作本质，是每个服务业从业者工作角色中最关键的方面。

√ 分享独家信息的行为始终是自发的。员工"选择"去获得和分享独家信息。

√ 分享独家信息没有额外花费。独家信息不需要花钱。

☞ 运用独家信息

在下面的空白处记录下一些案例，看看你是如何运用本章的概念去提高你所提供的客服质量和影响的，如何从平庸到卓越！

平庸	卓越
当客户驶过免下车窗口取浓缩咖啡时说："拿去吧。"	当客户驶过免下车窗口取浓缩咖啡时说："这是您的玛奇朵咖啡。你知道吗？'玛奇朵'在意大利语中的意思是'标记的'或'着色的'。浓缩咖啡是用牛奶茶匙'标记'的。"
●	●
●	●
●	●
●	●

第 5 章

表达真实的热情

热情这个词用在不同的说话对象身上，就会使人在脑海当中产生不同的联想。所以让我们看一下它的文字含义：对某个主题或事业十分兴奋或感兴趣。像大多数人一样，我的人生也有起起落落。我发现在我人生高峰时热情自然而然地就来了，但在人生低谷时需要更努力才能保持热情。暂不考虑这种情况是怎么发生的，我知道我有权利选择我的反应，并且热情总在我的选项里。

几年前，我参加了一个研讨会，研讨会围绕史蒂芬·柯维（Stephen R. Covey）的新书《高效能人士的七个习惯》（*The 7 Habits of Highly Effective People*）展开。当学习第一个习惯（积极主动）时，我得到了一个模型，柯维称之为人类的四项禀赋（或天赋）。

1. **自我意识**：我们对自己的了解，我们的个人想法、情绪和行为取向。

2. **想象力**：超越现实来形成我们的思维的能力。

3. 良知：我们对对错的认识。

4. 独立意志：我们在不受外界影响的情况下按照我们的自我意识行动的能力。

柯维建议，作为人类，我们应该利用这些禀赋中的一个到几个来积极回应而不是对特定情况做出消极反应。

充满热情的回应属于人类禀赋中的想象力范畴。作为人类，当我们面临艰难状况时，我们有能力运用我们的想象力，并选择我们对于消极刺激的反应。因此，尽管我们面对的现实情况可能很残酷，我们也可以锻炼我们的想象力，用真实的热情去回应消极的事件。

《积极思考就是力量》（*The Power of Positive Thinking*）一书的作者诺曼·文森特·皮尔（Norman Vincent Peale）说："充满热情地看待每件事，尤其是你的工作。如果你这样做了，你就为你的生活增添了些许欣喜。如果你热爱你的工作，你将会非常振奋，你将为它付出你伟大的爱。"

然而，问题在于大多数人都不热爱他们的工作。根据希洛塔咨询公司员工态度研究专家的调查数据显示：只有 13.8% 的企业可以被认为拥有"热情的"员工。希洛塔咨询公司将热情的员工定义为因公正、成就和同事感情而感到满足的人。

有很多书都介绍了如何激励员工，如何提高他们的工作满意度，以及如何创造热情又尽职的员工队伍。这些书包括戴维·希洛塔（David Sirota）、路易斯·米施金德（Louis Mischkind）和迈克尔·欧文·梅尔策（Michael Irwin Meltzer）的《激情员工》（*The Enthusiastic Employee*），贝弗利·凯（Beverly Kaye）和沙伦·乔丹－埃文斯（Sharon Jordan-Evans）的《留住好员工》（*Love'Em or Lose'Em*），艾德里安·高斯蒂克（Adrian Gostick）和切斯特·埃尔顿（Chester Elton）的《胡萝卜原理》

（*The Carrot Principle*），汤姆·拉思（Tom Rath）和唐纳德·克利夫顿（Donald Clifton）的《你的水桶有多满？》（*How Full Is Your Bucket?*）。

　　本章的写作目的就是，为大家揭示这样一个概念：一个热情的员工就是活跃、有强大正能量、永远带着微笑来传达他不竭的幸福感的人。而这些特质是与客服角色相匹配的，对于那些乐于与客户互动和服务客户时自如展示自己的人来说，他们是独一无二的。事实上，你可能认识一些拥有这些特质并非常适合于他们的工作角色的人。

　　回想一下你最近得到的最好的客户服务。如果让你用几个形容词来描述客服人员，你可能会说出一些像专业、知识丰富、有效率、机智，或者彬彬有礼这样的形容词。暂且不考虑你是如何描述这个人的，一个传达了真实热情的员工会以一种独特甚至非凡的方式表现出这些特质，并且与他的个人风格和个性相符合——可能是活泼的，也可能是含蓄的，但一定是真实的。

　　本书所描述的第一个卓越服务行为是"表达由衷的关心"，在此强调真诚；第二个卓越服务行为是"给予真诚又特别的赞美"，在此强调诚挚。诸如此类，第四个行为是"表达真实的热情"，在此强调真实性。肤浅或虚伪是永远不会成就卓越服务的。如果一个客服人员在客户转身后迅速将微笑的表情变得冷漠，那么这就会表现出表里不一。卓越服务不是掩饰你的真实感受，而是将它们付诸行动。

☞ 领导力在培养真实热情的过程中起到的作用

　　如果调查中确实只有不到14%的企业拥有"热情的"员工，那么领导层就要为此付出努力了。不管怎样，领导者设立"打造热情的员工团队"这样的目标是错误的，因为变数太多。我们最好关注那些个人实施起来更具体、更可行的、能够影响员工热情水平的方式。其中一个例子就是了解你的员工工作之外的激情和兴趣，并用这些信息来培养他们工作中的热情。另一种方式是通过不断培训和模拟理想的行为来强调在工作场所中表现的热情。

了解员工的兴奋点

创造条件让员工们在工作中传达出真实热情的最好方式，就是使他们确信私人时间值得做的事情和工作时间做的事情是相匹配的。考虑一下，如果可以将员工们对于工作之余的爱好或兴趣的感受和态度应用于客服工作，那么它们会如何影响与客户的互动、工作时长、工作满意度以及工作表现呢？

管理者最大的责任之一就是确保为各个工作岗位选用正确的人，然而能够做到这一点的唯一方式就是了解员工。只有当你表达出对员工真诚的关心，提出经过深思熟虑的问题，并积极地听取他们的回应时，你才能发现员工们拥有足够的激情和兴趣。这么做也许可以发掘员工们工作以外的激情或兴趣并将其转化成他们工作中的工作角色：

√ 一个在工作之余有热情读书的销售人员可能会分享他获取知识的强烈欲望。他可以将学习的热情应用于仔细研究企业的产品和服务，以及与同事和客户分享独家信息。

√ 一个汽车司机是铁杆体育粉丝，他可以和志趣相投的客户分享他对体育的热情。在这个过程中就找到了双方共同的话题，也建立了关系。

√ 一个喜欢在厨房里忙上几个小时为朋友们准备一顿美味佳肴的餐厅服务生，也可以用同样的心态为餐厅的客人付出她的"劳动"，并因此会给客人留下难忘的就餐体验。

√ 一家五金店的员工爱好木工手艺、砌砖或景观美化，在向进行家装改造的客户提供建议时，他也可以运用同样的热情。

或许员工的个人兴趣与工作无关。不是所有员工的热情都能与他们当前的工作角色完美契合。肯定他们的恰当举动只需要一些创造力。例如，牙科诊所的接待员凯伦的业余爱好是运动健身。如果她的工作是健美中心的私人教练，那么很自然她的个人爱好和职业兴趣就能完美契合。但是，作为牙科诊所的接待员，凯伦一天当中的大多数时候需要坐着向病人问好，输入数据，申请保险索赔。凯伦的经理如何能将她对健身的热情引向提升她服务病人的热情呢？这里有一些方法：

√ 证实牙齿健康与身体健康之间的关系是很容易的。例如，医生已经发现了口腔健康与糖尿病、心脏病、癌症和其他疾病之间的联系。作为牙科诊所的形象大使，接待员能够适当地强调口腔卫生和她所热爱的健身之间的相互联系。

√ 也许这家牙科诊所可以每月选择一些患者，给他们发送电子邮件。凯伦可以借助这个机会分享关于营养丰富的加钙奶昔配方等方面的信息。

√ 大多数城市都会推行一年一度的五公里或十公里跑步比赛。这些比赛通常都会支持一些有价值的慈善机构或事业。假设凯伦打算参加这些比赛，那么你可以通过赞助、鼓励她和患者们分享关于赛事的热情来展现你的支持。

通过认可员工的业余爱好与工作职责之间的联系，管理者们可能就会营造出一种工作环境，让员工们能够自然地在服务客户的过程中表达出真实的热情。

在工作场所强调热情的重要性

热情是可以相互感染的，缺乏热情也是如此。领导们有责任通过坚持提供较频繁又不算正式的培训，以及坚持示范希望实现的行为来强调工作表现的标准和期望。

有效率的管理者认为，如果让他们等待六个月后才等到下一个正式的课堂培训机会来讨论客户服务，那么他们就等得太久了。每次换班前对员工进行较频繁的、日常的培训并将其作为非正式班前会议的一部分，这有益于客户服务。例如，一个客服中心的经理可能会说："今天，我希望大家能够格外努力，在服务客户时表达你真实的热情，带给客户们愉快的惊喜。"随后他可以提些问题让他的团队参与进来，如"怎么表达真实的热情呢"或者"你现在正在用哪些方式来表达对来电者真实的热情呢"。

通过参与其中，他的团队可以找出很多例子，说明如何才能表达真实的热情，以及团队成员目前如何向来电者表达真实的热情。管理者也可以根据自己独特的经历来分享自己的观点。仅仅是讨论表达真实热情的行为就可以提升员工的意识，使他们能够更愉快地与客户互动。

但不要就此止步。员工们总是会盯着自己的顶头上司寻找一些该如何行事的线索。例如，在客服中心，如果员工们注意到他们的主管在接客户电话时忽略对着电话微笑并且声音富有热情，那么他们就会认为这些行为是可选择的，不是必需的。更糟的是，管理者在员工心中失去了威信，这会使他们低估以后任何关于客户服务的谈话。

伟大的服务始于伟大的领导。如果你处于管理职位，那么你对客户服务标准和一线员工期望的示范是至关重要的。你是否在此方面有作为，始终都在他们的眼里。

☞ 如何表达真实的热情

大多数客户服务互动都不是与糟糕的表现、粗鲁的行为或太多的过失交织在一起的。更多的时候这些体验仅仅是平淡乏味和制式化的。当员工表达真实的热情时，本以为会遭遇到冷漠对待的客户就好像呼吸到了新鲜的空气一样。热情对于客户来讲是无法抗拒的，对生意有利，并能给客户留下持久而积极的印象。

引人注目

客户们不再期盼能得到员工们热情洋溢的接待，他们多年来错误地满足于可预料、重过程、缺乏创意和热情的客户服务。当员工打破传统表达出真实的热情时，客户们就会注意到。

一年前，在我儿子的橄榄球夏令营里，我注意到他在等待传球时都会停下，疯狂地挥舞他的手臂，大声呼唤四分卫："传给我！传给我！"

此时，四分卫就会朝他的方向看，并且会注意到防守队员就站在他的身后等着拦截这个传球。这时四分卫要么会把球传给其他的接球员，要么会继续带球跑。

很显然，我的儿子库珀因此非常沮丧。在中场休息时，我走向库珀和他分享了这个建议："库珀，如果你想让四分卫把球传给你，你就必须给他一个理由。你要让自己成为一个'有吸引力'的目标。"

那时，库珀只有八岁，所以我将"有吸引力"定义为引人注目、有力量和不可抗拒。

这个建议也同样适用于商业环境。无论是大型企业还是独资企业，都必须给潜在客户一个与它们做生意的理由。为了能够吸引注意力，使自己区别于对手，并且最终做成生意，它们必须让自己引人注目。作为员工，可以凸显自己的一个方式就是有意识地表达真实的热情。

无论何时想到这种服务行为，我都会想到十字路口的转弯标识。员工们的职责就是引导客户在十字路口转弯，这样客户就能够享受特供午餐、清仓甩卖或者以最佳利率卖掉黄金饰品。

你有没有注意到这些转弯指路者的不同呢？有一些只不过是真人广告牌，他们被动地一只手举着标识，另一只手发短信。另一些则选择引人注目和表达真实的热情。他们设计舞蹈动作边移动边加上他们的转弯标识。如果你是老板，需要雇用这些转弯指路者来吸引驾驶员的注意，增加店铺的客流量（并且很有可能是销量），那么你会雇用哪种员工呢？

纽约以很多事物闻名，包括奶酪蛋糕。如果你是奶酪蛋糕的供应商并打算在这个领域展开竞争，那么你最好保持你的最佳状态，因为这里的竞争很激烈！在下面的例子中，一个人确实发挥了她的最佳状态。

案例学习

一个为顾客带来快乐的蛋糕店

去年，我在纽约见到了艾琳特制奶酪蛋糕店的老板艾琳·阿韦扎诺。她一直用传统的方法制作奶酪蛋糕，那是她妈妈的秘方，已经快有 40 年历史了！据艾琳说："我今天的热情丝毫没有比 39 年前我卖出第一块奶酪蛋糕时少！"

我问她，除了产品本身外，她的蛋糕店和其他普通的蛋糕店有什么不同。艾琳说："其中一个不同是我邀请顾客互动。我拒绝给每件产品加上标签，我希望顾客自己解决他们的问题。在大多数蛋糕店里，这成了顾客们的阅读练习，柜台里的每件产品都有一个小标签写明产品名称、配料和价格。"

这些蛋糕店里的顾客会先找到并指出他们想要的，然后员工就会打包、收钱，之后就是排队的下一位顾客了。这样的情境通常会产生一种工厂心态，注重执行工作职责，把每位顾客都当作最后一位顾客。有问题吗？请读标识签。

艾琳坚持说："我们不依靠标签。我们在柜台前提供的是个人经验。我们服务来自全世界的顾客，这些顾客并不都讲英文。在我们店的营业时间内，我们可以用七八种语言为顾客服务。我坚持让员工亲自体验每一种口味。顾客们可以问任何他们想要问的问题。我们的员工会一一回答他们，并确保他们找到自己想要的那种口味。"

尽管这种方式可能不像给柜台里的每种商品加标签那么有效率，但艾琳认为这最终还是更有效的。通过不让顾客自己去看那些标签，员工们就有机会与顾客建立密切的联系并给其留下持久而积极的印象，这就超越了店里的一次性交易而扩展了他们之间的关系，即便这位顾客不是本地人。艾琳的特制奶酪蛋糕已经遍布全美 50 个州以及波多黎各，小镇外那些愉快的顾客也可以不断地光顾了。

喜剧演员史蒂夫·马丁（Steve Martin）曾经说过："如果你非常优秀，那么他们是不可能忽略你的。"不管是认真传球、旋转牌子，还是卖奶酪蛋糕，如果你的前台服务人员不能引人注目，那么他们就会被忽略。没能使他们自己和他们所代表的品牌有所区别，他们只能融入风景。不引人注目，他们只能被忽略。

成为讨人喜欢的客服人员

人们从他们喜欢的人手里买东西。当员工们通过眼神交流、微笑和有活力的话语来表现对客户真诚的关心时，他们就是在表达服务客户的真实热情。这些服务人员绝对比那些心不在焉的、冷漠的员工更加吸引人、更让人喜欢，他们的销售量就是证明。

下面的故事展示了一个项目是如何增加附加营业额，充分激励全体员工，以及让所有员工都充满热情的。

🔵 **案例学习**

一个成功的奖励计划

几年前，我见到了天堂烘焙咖啡店的总经理桑迪·琼斯。她告诉我一个她所采用的奖励计划，用以提高瓶装水、曲奇和其他店里高利润产品的附加营业额。她的店在一个购物中心的食品区。她与供应商一起赞助奖品，从礼品卡到音乐播放器，价值不等。

员工们都受到了这个奖励计划的鼓舞，以至于他们总是要求桑迪打印销售报告来比较自己与其他同事的表现。销售报告是员工们能够了解团队中谁创造了最多的附加营业额的唯一方式。

这让桑迪有了一个想法。不要让员工只在打印销售报告时才知道他们的表现如何，她决定当团队中有成员增加附加营业额时，就用金属勺子敲击不锈钢容器，并大声叫喊，表示感谢。

通过这么做，桑迪在奖励计划中纳入了自发认同的要素。这不仅会使团队中的成员创造额外的热情，而且在食品区的顾客中也引起了轰动，员工们的服务使他们得到了快乐。突然间顾客们都会过来看是什么带来了敲击声和欢笑声。这就在有众多选择、竞争激烈的环境下增加了店里的客流量和顾客捕获率。

在促销的几周里，员工们一起给桑迪买了个牛铃来代替她的临时的噪声发声器。那天，她得到了牛铃桑迪这个绰号。随着时间的推移，这个奖励计划取得了巨大成功。最佳售货员在这种充满热情、认可和高销量的高能环境下每小时能贡献超过 11 美元的附加营业额！

下面还有另外一个真实故事来说明热情的回报。

🔄 **案例学习**

小学生的热情

两个来自附近小学的女孩在当地办公楼前停下来，为学校的筹款活动出售糖果。两个女孩都提着满满一大袋的糖果盒。几个看到她们的校车停下的员工聚集到前台迎接她们。其中一个女孩有点害羞，没说上两句话。另外一个年纪比较小但很自信，她像任何你曾经见过的小售货员一样让人印象深刻。

这个女孩做了自我介绍并介绍了她的搭档，提到了她们所代表的学校，还询问了员工是否愿意为她们的筹款活动购买糖果。其中一个员工说："我今天没带钱，抱歉。"这个女孩不愿意错过这单生意，于是说道："我们接受支票！"这样她们做成了第一单生意，这个员工选好了糖果并拿出了支票簿。

另一个员工说："我正在节食，不能吃糖果。"这个女孩马上说："我们接受捐赠！"然后收到了5美元。其他人也不断找借口，而这个女孩总能充满热情地化解他们的拒绝。

她转向最后一个员工，这个员工问她，如果她和搭档卖了最多的糖果她能够得到什么。女孩回答的时候容光焕发地说："我就可以帮助那些需要得到特殊帮助的孩子坐车去野营了。"最后一个员工也买了价值20美元的糖果。

那些不以为意的读者只把这当作是种娱乐，是小学筹款者想出的让你的心变柔软的例子。无论是卖糖果、瓶装酒、充气服务、汽车、房子还是喷气式飞机，你都要确保表达真实的热情！

留下长久而积极的印象

你很有可能都想不起与大多数推销员、空乘人员或者银行职员的互动经历，你可能只会把它们描述为制式化的服务。但我打赌，你一定能记住多年前那些杰出的客服让你感觉明显不同的互动经历。也许他给平庸的服务过程增加了一些独特性与洞察力，通过这么做，可以让人印象深刻并给人留下持久而积极的印象。

　　我曾经在亚特兰大宾馆的煎蛋卷摊买了一个煎蛋卷。那个卖煎蛋卷的员工穿着一件浆过的白围裙，他一丝不苟地将白围裙熨成了手风琴状。这围裙太引人注目了，以至于人们都要询问一下。

　　当我询问他时，他说所有的围裙都看上去差不多，所以他每天就早起几分钟把自己的围裙压出一个非常特别的形状。他说宾馆的客人经常会评论他的围裙，有时，他的围裙还会引发一些原本不会发生的对话。

　　尽管这已经是十年前发生的事了，但我还能够记起他的名字——尤利西斯。认真地讲，你们中有多少人能记得与一个只互动了一次的煎蛋卷的员工这样的对话细节，或者十年前与某个客服人员的对话？尤利西斯用他定制的制服表达了他真实的热情，这种客服方式是独特的甚至是奇特的，这符合他的风格和个性。

　　海沃德·斯皮尔斯是堪萨斯州欧弗兰帕克的一家烤肉店的老板，他对工作表现出真实的热情。我记得我和海沃德在我十岁时就认识了。夏日里放学后，我的朋友们和我常常散步到当地的购物中心去买几包口香糖和糖果，或任何我们能用 50 美分买到的东西。

　　堪萨斯州的夏天很热，我们总会在海沃德的烤肉店停下，这是一家位于第 95 街和安提俄克街交会处的拥挤的餐厅。海沃德·斯皮尔斯是老板、厨师、收银员、收碗工和洗碗工。我们这帮大汗淋漓的孩子会走进有空调的餐厅凉快一会儿，不过没打算买任何东西。

　　尽管这家小餐厅只有五个凳子和四个台子，但我们却总能感觉到很受欢迎。海沃德没有把我们赶出去为那些付钱的客人腾地方，他反而会为我们服务，给我们端上满满一托盘有纹理的红色和金色塑料杯，里面有装得满满的冰水，冰水凝结的水珠会顺着杯壁滑下来，他用这种方式表达了他真实的热情。

2011 年 2 月，海沃德接受堪萨斯州约翰逊县当地的月报《最好的时光》（*The Best Times*）访问时表达了他真实的热情。他说：

> "（做两份工作时）我在追求我真正的爱好，那就是烧烤。我小的时候很喜欢看父亲做这件事。我父亲会宰一头猪，然后在后院的露天坑里烤整头猪，并在我们的烟熏室熏烤它。烧烤一直陪伴着我，我热爱烧烤并融入了我真正的热情。在堪萨斯州的每个周末，我都会为我的家人和朋友以及我的教会的朋友们烧烤。就在我家后院我挖的一个露天坑中，我逐渐形成了我自己的技术。"

几年前，我出差回欧弗兰帕克，像曾经在镇里常做的那样来到了海沃德的店。这次，让我高兴的是海沃德正在他的新店门口亲自欢迎顾客。我自我介绍了一下，还和他分享了我记忆中的他以及从 20 世纪 70 年代中期就有的那家店。我告诉他，即便堪萨斯州到处都是很好的烧烤店，我还是会回到他的店。就因为 30 年前，当我还是满头大汗的小孩时，那个炎热的夏日午后歇脚时他对我们的招待。

毫不奇怪，他也从其他特意到他店里来买烧烤的顾客那里听到了类似的故事。事实上，海沃德在当地非常受欢迎，他的烧烤店现在每周都会接待超过 5000 位顾客。

海沃德说他的烧烤帝国始于他第一次为家人和朋友们服务。这表明，表达真实的热情和其他卓越的服务行为不仅可以被运用在工作中，也可以被运用在家庭中，给人留下持久而积极的印象。

· · ·

几年前，在我们的第一个孩子出生后，我开始把煎饼做成我儿子能认得出的独特的形状。在他很小的时候，我们会把煎饼做成从小狗到奶嘴等不同的形状。随着他慢慢长大，我就根据他的兴趣改变这些形状，无论是恐龙还是国际象棋。

节日总会为我们提供形状的想法。我开始做出 3 月的三叶草形状、7 月的鞭炮形状、10 月的南瓜灯形状和 12 月的拐杖糖形状。随着我们家庭的壮大，我们所有的孩子都想要这种煎饼，并且他们喜欢定做的形状。早餐从一顿每天清晨平常的饭变成了一个节日活动，让家人们驻足并成为美好的回忆。

我开始思考这和客户服务有什么关系。根据超越哲学咨询公司（Beyond Philosophy）的调查显示，44% 的客户将他们所得到的大多数客户服务体验描述为"乏味又平淡"。这些都是注重过程的交易，冷淡、平凡、漠然。就像早餐吃了一碗玉米片，尽管你吃了，甚至很满意，但你却不会记住它。

与一碗普通的玉米片相比，那些恐龙、国际象棋或不管什么其他形状的煎饼对你都更有意义。你会把这些形状各异的煎饼说成"乏味又平淡"吗？如果你是国际象棋迷的话，一个国际象棋车形的煎饼你会忘记吗？哪种早餐经历会给你留下持久而积极的印象呢？

家人们都很忙，我有四个孩子，我知道每天都做形状各异的煎饼是不太实际的。（此外，如果这么做的话，煎饼就会失去魔力。）大多数早晨，我们都会吃麦片和冻华夫饼，因为这些餐点更容易、更高效。即使是这样，我还是会偶尔有意识地筹划早餐，为大家做形状各异的煎饼。这是我表达对于孩子们由衷的关心和传达我为他们服务的真实热情的独特方式。

这个概念如何运用到你的生意中呢？如何运用到你的生活中呢？要有意识地在服务他人时表达真实的热情，在这个过程中，将产品、服务、活动和关系从重过程的、平常的、可预料的变成越来越丰富的形式。

就像形状各异的煎饼，可能性是无限的。

· · ·

正如本章所介绍的，表达真实的热情表现出了卓越服务的三个真理。

第一，它反映工作本质——最重要的事情，每个服务业从业者工作角色中最关键的方面。

第二，它始终是自发的。员工"选择"去表达真实的热情。

第三，没有额外花费。热情不需要花钱！

再想一想我前面列举的艾琳·阿韦扎诺的例子。像每个蛋糕店的员工一样，她的工作角色由两部分构成：工作职责和工作本质。艾琳和其他蛋糕店的员工们一样应该执行像烤制产品、摆柜台和接待电话购物这样的工作职责，但是他们也应该通过不依赖柜台里的那些小标签（这已经成为与客户互动的替代品）来表现工作本质。没有这些小标签，他们就可以通过表达对产品本身和服务顾客的真实的热情来创造更多的机会吸引顾客、引出问题，并且最后售出更多的奶酪蛋糕。

艾琳不仅表现出了工作职责也体现了工作本质。她没有仅仅填满柜台（工作职责），而是同时向顾客微笑、眼神交流和使用热情洋溢的声音询问："您有什么问题吗？"（工作本质）。她不仅展示了蛋糕店员工应有的工作常识（是什么）和技巧（如何做），还反映出顾客们往往没法预料的目标（为什么）。据艾琳所说，每当她听到人们说"节日和特殊场合不能没有艾琳的特制奶酪蛋糕"时，她要让人们快乐的目标就会不断地被强化。

蛋糕店的员工们"需要"执行必要的工作职责，这是老板雇用他们的原因，也是他们拿工资的理由。尽管如此，艾琳选择创造吸引顾客的机会并在服务中时时表达真实的热情，这是自发的选择。她并不是必须要征求问题，而且大多数蛋糕店的员工也没有这样做。

艾琳服务顾客时表达的真实热情需要花钱吗？没有额外的花费，热情是不需要花钱的。

热情是一种天赋。史蒂芬·柯维的人类的四个禀赋之一是想象力，想象力使我们在应对任何消极事件时都能够表达真实的热情。一些人表达热情的方式是外露的，而一些人则比较内敛。不管怎么样，真诚是关键。

管理者们有责任了解他们的员工，挖掘他们工作之外的爱好和兴趣，为员工们营造一个能够使他们服务客户时自然地表达真实热情的工作环境。管理者们也必须通过提供更频繁、更不正式的持续性培训，以及在日常工作中做出示范来强化工作场合的热情。

在为客户服务时，当员工们表达出真实的热情，客户会感到十分感激，并相信他们的事业是有价值的。

从平庸到卓越

√ 人类有自由选择他们在任何情况下的反应，热情往往只是他们的选择之一。

√ 作家史蒂芬·柯维建议，人类可以利用一种或几种禀赋，包括自我意识、想象力、良知和独立意志，并因此能对现有环境做出积极的回应而不是表现得很消极。热情的回应属于人类天赋中的想象力部分。

√ 向客户表达真实的热情可以用一种独特甚至是非凡的能够配合

自己风格和个性的方式来实现。这种方式可能很活泼，也可能是含蓄的，但一定是真实的。

√ 卓越客服不是掩饰你的真实感受，而是将它们付诸行动。

√ 为员工们创造条件在工作中表达真实热情的最佳方式是确保他们所珍视的业余爱好与他们所从事的工作相匹配。

√ 表达真实的热情对客户来讲是不可抗拒的，是对生意有利的，并能给人留下持久而积极的印象。

√ 伟大的服务始于伟大的领导。如果你处于管理职位，那么你对客户服务标准和一线员工期望的示范是至关重要的。

√ 根据超越哲学咨询公司的调查显示，44% 的客户将他们所得到的大多数客服体验描述为"乏味又平淡"。

√ 表达真实的热情反映工作本质——最重要的事情，每个服务业从业者工作角色中最关键的方面。

√ 表达真实的热情始终是自发的。员工"选择"去表达真实的热情。

√ 没有额外花费。向他人表达真实的热情不需要花钱！

☞ 表达真实热情的应用

在下面的空白处记录下一些案例，看看你是如何运用本章的概念去提高你所提供的客服质量和影响的，如何从平庸到卓越！

平庸	卓越
在蛋糕店里出售的蛋糕前放置小标签来限制顾客与员工之间的互动。	将蛋糕店里出售的蛋糕前的小标签拿走,从而鼓励顾客与员工之间互动。
●	●
●	●
●	●
●	●

第 6 章

运用恰当的幽默

做生意应该是严肃的，对吧？在生意中取得成功需要一些严肃的特质，例如坚持、承诺和尽心尽力。如果员工们想要得到企业管理层和客户的重视，那么他们得到的建议往往都是避免随意性和幽默，赞同且严格遵守企业现有的规章制度。听上去有点奥威尔式[⊖]，不是吗？

尽管以上对于商业的描述可能有些严苛，但对大多数企业，这至少有一些道理。除非企业和员工们有意地运用恰当的幽默——合适的或适应某个特殊目的、人或者场合的幽默。像本书所强调的其他卓越的客服行为一样，但这要看运气了。当业务的某些方面要凭运气决定时，它发生的概率就要比我们把它设计成被认可的服务文化的一部分时要低得多。

美国西南航空公司和乔氏超市（Trader Joe's）两家企业就是很好的例子，它们将恰当的幽默融入客户服务中。美国西南航空公司的空乘人

⊖ 奥威尔式（Orwellian）：词源是英国小说家乔治·奥威尔，可以释义为"受严格统治而失去人性的社会"，转译为"严格控制的"。——译者注

员因在机舱广播中运用幽默而享有盛誉（你会在本章的后半部分看到）。乔氏超市的员工们身着夏威夷衬衫，用一个铃铛代替公共广播系统。它们认为购买生活必需品应该是一种愉快的经历而不是一件无奈的苦差事。

在公开培训课上，我经常会征集一些例子，试图让参与者们和他们所在企业讲出几个在客服文化中正在采用的鼓励幽默元素、奉行自由自在原则的实例。我总会感到沮丧，为何有那么多举不出例子的参与者？这些员工确实错过了机会，没能认识到运用幽默使客户和客服体验更加愉快和令人印象深刻的好处。正如查理·卓别林所说："没有笑声的一天是浪费掉的一天。"

表达幽默感并不意味着员工们要强颜欢笑或者在工作场所引起别人对自己的过度关注。他们只需要抓住机会来运用日常生活中的幽默，正如我在当地的免下车星巴克窗口的经历。一天早上，我把车驶向咖啡师来点咖啡。我们的对话是这样的：

我："我要功能型[⊖]双份浓缩咖啡。"（功能型饮料是星巴克根据顾客需要添加进饮料的一种补充物）

咖啡师（用单调的声音）："很抱歉，功能型已经卖完了。"

我："好的，我从你的声音中就听出来了。"

咖啡师（声音里充满热情）："哦，等等！我说谎了。我发现了更多的功能型咖啡！"

我："是的，我能从你的声音里听出来。"

然后我把车停在免下车窗口，咖啡师向我打了招呼。

咖啡师："要'大杯的'功能型双份浓缩咖啡吗？"

我："是的。但是我记得我没提过杯的大小。"

⊖ 此处英文原文为 energy，直译为"能量"。——译者注咖啡师："好吧，我是巫师。我从你的声音里听出来了。"

将这个改变与那些你在快餐店遇到的典型的枯燥并且毫无生气的互动相比，它有什么不同？它需要主动性。当有机会增加幽默感时，咖啡师抓住了这个机会。相反，在大多数免下车窗口，交易进行得没有一丝个性，日复一日的见面没有任何区别。

运用恰当的幽默对员工来讲是一种将自己独特的个性和工作角色相结合的有效方式。不要仅仅满足于执行单调乏味的工作职责并且将每位客户都当作是最后一位，员工们可以通过主动为他们的服务互动增添幽默来体现自己独特的个性和天赋。

☞ 何时运用恰当的幽默

假设他们的工作不是抚平伤痛的心理咨询师、殡仪馆员工或者女王卫队的士兵（在这些场合他们运用幽默的机会越来越少，当然如果幽默没被禁止的话），那么对于员工来讲有各种各样恰当的场合可以为他们的工作增加幽默元素。幽默可以有助于员工与客户建立融洽关系，使客户可预期的通常过程活跃起来，从而给他们留下持久而积极的印象，也可以在冲突中降低紧张气氛。对员工来说，运用幽默是将平庸服务体验提升为卓越服务体验的有效方式。

用幽默来建立融洽关系

当员工们第一次见到客户，他们有责任让客户感觉舒适。与客户之间建立融洽关系的其中一种方法是我们在第 2 章中提到的表达对他们由衷的关心，而另外一种轻松建立融洽关系的方法就是运用恰当的幽默。

喜剧演员维克托·博奇（Victor Borge）说："笑声是两人之间最短的距离。"成功的酒保深深地意识到了这一点，很多酒保都用小笑话来打破与客户之间的僵局，并为晚上的畅饮营造环境，他们因此享有盛名。让我们看看这些经典的小笑话中是不是有些对你也有着类似的作用：

- √ 一个骷髅走进酒吧说："酒保，给我一杯啤酒和一个拖把。"
- √ 一只白蚁走进酒吧问："酒保在吗？"
- √ 一只三条腿的狗走进西部的一间古老酒吧说："我来这里找那个向我的腿开枪的人。"
- √ 一匹马走进一家酒吧，酒保问："哦，天哪，干吗拉着个长脸？"

当幽默与知识结合起来时，能够帮助酒保提升专业度，展现自信与能力。但是运用恰当的幽默建立与客户之间的融洽关系并不仅限于酒保。以下是我近期遇到的一些例子：

- √ 纽约的观景餐厅的服务生为常规的点单增添了些趣味，他会问："您喜欢为您的餐点配哪种饮料呢？（用升调的声音说）一瓶起泡圣培路矿物水，或者（用单调的声音说）纽约的自来水？"（我几乎从未点过瓶装水，但这次我点了两瓶。）
- √ 当我岳父在科罗拉多百年集团的上海花园中式餐厅要了一双筷子时，老板娘问："您是左撇子还是右撇子？"
- √ 闻名世界的西雅图派克街鱼市场的一个鱼贩在顾客把选购好的鱼放在柜台上，询问是否可以刷信用卡时，回答道："当然，您要'两个[⊖]'吗?"(在停下来想了一想这个问题后,顾客突然笑了起来。)

√ 在科罗拉多州奥罗拉的峰会牛排馆,服务生在向我们介绍过了特色菜后说:"如果您有什么问题,不要客气,可以问。"然后他拍拍自己圆滚滚的肚子说:"你看,我这有这么多产品知识!"

在每个例子里,幽默取代了可预料的枯燥回答,这些服务人员与他们的客户建立了一种融洽关系。他们没有只是简单地进行一桩很快被人们忘记的交易,而是运用自己独特的个性为客户留下了持久而积极的印象。

运用幽默使平凡的流程生动活泼

当你想让生意中普通而平凡的流程变得生动活泼时,你也可以运用恰当的幽默。

达到此目的的方式之一是全身心地服务客户,而不是仅提供一些通常的、可预知的信息。机舱内广播飞行通告和安全简讯时就是个很好的实现机会。过去,乘客们总是顺从地听着平淡的简讯,唯一的不同可能就是飞行员们宣布了一些从飞机里能看到的有趣的地理现象。然而,美国西南航空公司的空乘人员将幽默编插进广播信息中来安抚不安的乘客,并且有效地避免了乘客因感觉枯燥而忽视安全通告的可能。最近,美国的一些航空公司已经允许空乘人员脱离他们死板的脚本,让他们的通告信息充满个性。下面是各航空公司飞行通告的一些例子:

⊖ 英文中的"2"(two)和"也"(too)发音相同。"Would you like two?"和"Would you like too?"发音相同,前者译为"您要两个吗?",后者译为"您也要这么做吗?"。——译者注

√ "解开您的安全带，将金属头插进搭扣中，拉紧，像所有的安全带
一样。如果您不知道怎么操作，那么可能您本不应该在无人照看
的情况下出现在公共场合。"

√ "当舱压突然下降时，氧气面罩会从上方的舱室自动掉下来。想让
氧气流动，只要刷信用卡就可以了。"

√ "一旦氧气面罩展开，请停止叫喊，抓住面罩，将您的脸放进去。
如果您带着孩子旅行的话，在帮助他们戴面罩前请先妥善带好自
己的面罩。如果您带着不止一个孩子旅行的话，那么请先选择您
最喜欢的那个孩子。"

√ "我们目的地 21 摄氏度，有碎云。不过我们会尽力在抵达前将它
们（指碎云）补好。"

√ "您的坐垫可能会被用作漂浮设备。如果发生了不大可能发生的水
上紧急着陆情况，请划向岸边并将它带回家作为我们的一点心意。"

√ "此时，请将便携式电子设备关闭，这包括任何以'i'开头和以
'Berry'结尾的东西[⊖]。"

√ "您离开机舱时，请确保带好您所有的行李。任何机舱内的遗留物
都会被平均分发给空乘人员。请不要将孩子和配偶落下。"

选择合适的机会运用恰当的幽默仅受个人想象力的限制。幽默可以
附加在包装、标牌、说明和如下面所述的日常程序中。

在最近一次去全食超市时，我在海鲜区的鲑鱼柜台前停住了脚步。
柜台后的员工正在给鱼片上油调味，然后用厚纸包住它们，并笑着将包
好的鲑鱼跨过柜台递给我。

⊖ "i"暗指苹果手机（iPhone）；"Berry"暗指黑莓手机（BlackBerry）。——译者注

　　当我看到那个包装时，我注意到鱼是用那种看上去很像新闻纸的定制厚纸包裹的。在《海鲜时光》的报头下面是各种各样信息丰富且有趣的故事，例如"全食超市承认海鲜歧视罪"和"让您的厨房成为安全港湾"。这些故事中加入了一些幽默来吸引顾客的注意。

　　全食超市没有使用那种随处可见的平凡又没新意的棕色厚纸袋，我得到了一个只能在全食超市找到的独特的、令人耳目一新的纸袋。一段本可以像在大多超市一样结束的购物体验被我带到了家，我和妻子一边准备晚餐一边交流着读过的不同故事的细节。

　　契普多墨西哥烧烤快餐店也利用了一种经常被忽略的资源来给顾客留下持久而积极的印象。员工们将外卖餐点装在棕色的手提袋里。拎手很独特（你在大多数快餐厅都见不到这样的拎手），但事实上真正令人印象深刻的是印在袋子底部的信息：

不要把这个袋子扔掉！

试试另作他用：

√ 猫咪便携袋

√ 把拎手挂在耳朵上，不用手就能吃到玉米煎饼

√ 养老金报表档案袋

√ 不推荐当作降落伞

　　除了强调了循环利用的重要性，契普多用恰当的幽默使购买外卖食品的常规流程变得生动活泼，也将服务体验从餐馆延伸到了顾客的家或者办公室。

　　接下来是截然不同的业务类型。我想起经纪公司自动语音留言信息，

它以典型提示开始，比如"报价，请按 1"以及"进入自动服务系统请按 2"。但第 7 个选择是我们没预料到的："如果您想听鸭子嘎嘎叫，请按 7"。我已经听完了语音信箱索引中我想听到的那部分内容了，但是我还没听过这么让人耳目一新的语音。很显然，我并不是唯一一个为之震惊的。在"鸭子嘎嘎叫"的全盛期，这家企业又新增了 75% 的新客户。

那印在两种不同身体乳液瓶上的使用说明给人的感觉怎么样呢？哪一个更让人印象深刻？

用法：每日反复涂于粗糙、皲裂、暗沉的区域。仅供外用。

使用说明：沐浴后，大面积涂抹于皮肤上能够使你感觉温暖，以及让你想起表哥丹尼七年级时养的宠物蜥蜴鳞片的区域。

回想一下最近一次你在宾馆接到的自动叫醒电话的情景。你还记得吗？它说了什么？也许它听起来都像这样："早上好。今天部分地区晴，有微风，最高气温 17 摄氏度。感谢您选择 XYZ 宾馆！"

现在，把这条信息与位于芝加哥的希尔顿风趣酒店的定制的录音比较一下。希尔顿智能宾馆打破常规，以本城最臭名昭著的黑帮的声音为特色为顾客提供叫醒服务："嘿，你这脏老鼠。阿尔·卡彭⊖提醒你将你的烂骨头从麻袋中拿出来。现在快行动！我已经为艾略特·纳斯⊜寄出了迟到的情人节礼物，哈哈哈哈哈！"

可能这种幽默方式不适合你企业的风格和个性，但没关系。你要选择那种对你的品牌和客户起作用的幽默方式，关键是要有意识地通过增加适当的幽默使你生意中的日常流程更有活力。

⊖ 阿尔·卡彭（Al Capone）：1987 年美国电影《铁面无私》（*The Untouchables*）中的一位贩卖私酒的黑帮首领，他使用暴力手段控制着走私酒的市场，犯下累累罪行。——译者注

⊜ 艾略特·纳斯（Eliot Ness）：《铁面无私》中打击贩卖私酒的联邦官员，摧毁了卡彭的地下仓库，并拒绝了卡彭的贿赂。——译者注

说"这太无聊了，就像是看着无聊的壁纸"这种话的人应该都没住过纽约的阿尔冈昆酒店。在它最近一次装修前，客房层所有房间的壁纸都是由《纽约客》的连环画组成的。宾馆的顾客在等电梯时就可以看这些漫画来消磨时间。这使人们很难在电梯降落到大厅的过程中一直板着脸。（这在纽约是不小的壮举。）

同时，在阿尔冈昆酒店，恰当的幽默也出现在顾客客房门牌这样平凡的物品中。与大多数酒店只在房门上标注房间号码不同，我上次在那里住时门牌上写的是："在百老汇演出到塔露拉·班克海德处于凝视状态的一幕时，海伍德·布龙低声对她说'现在不要凝视了，塔露拉，你的演出要退场了'。"

在本书中，我始终强调非凡的，甚至是标新立异的，并且给客户留下持久而积极印象的服务并不会比平凡的、传统的，仅提供能被客户预料到的服务花费更多。这些例子都证实了这一点。当然，在包装上印刷需要花钱，但企业在包装上印商标、网址和说明同样需要费用。在厚纸袋上、外卖袋上，或者身体乳液瓶上印些有趣的、意想不到的内容比印那些平凡的、没新意的内容要多花费多少呢？没多花一分钱。

检视一下你自己的生意。有什么方法能让你通过恰当的幽默、设计，或一些其他特质把平庸的产品和服务转化成不寻常的事物？

运用幽默留下持久而积极的印象

在奇普·希思（Chip Heath）和丹·希思（Dan Heath）的《行为设计学：让创意更有黏性》（Made to Stick）中，作者提出了黏性想法的六个原则，它们有助于信息被保留下来，而不是被忽视、被无视或被忘记。这些原则其中之一就是"感情"——具体来说，就是让人们"感受"到什么。

人类拥有一套复杂的感情系统，感情既可以是积极的，也可以是消极的。很显然，如果有机会，客服人员更愿意激发客户积极的感情，包括开心、高兴、得意、兴奋、幸福、欣喜和满足。能够实现的方式之一就是运用幽默。

想一想你现在最喜欢看的情景喜剧。如果在工作中有朋友和你分享这部剧的有趣之处，他们会记得的是什么？他们很可能会记得好笑的部分、有趣的故事和影片中的极其夸张的滑稽动作。他们也记得使他们发笑的内容。当幽默被记录在大脑中时，它能刺激用于编译记忆的内啡肽。在竞争激烈的环境中，被记住总比被忘记好。

近年来，我在国家旅游办公室工作。当爸妈（通常是妈妈）计划下一次公路旅行时，美国有 49 个州同时在竞争这笔旅游收益。你认为这些州怎么做才能被潜在客户记住呢？这让我想起了怀俄明州夏延市停车罚单给我妻子留下的持久而积极的印象。

我们大多数人都经历过，你的约会远比你预期的要长。你看看手表知道停车快要超时了。你心里有一种急迫感让你计划好了走向停车地方的路线，你在行人来来往往的人行道上前进，看着下一个十字路口的信号灯闪烁。如果抓紧时间，也许你能过去。一分钟后，当你走近你的车，你注意到一张压在雨刷器下的纸，你会想"我来得太晚了"。你从雨刷器下拽出那张通知单并做好了最坏的打算。

我妻子在夏延出差时，这事就发生在她的身上。她取下那张通知单，上面写着如下的话：

　　您好，朋友！

欢迎来到夏延。

巡警注意到您违反了我们的一项停车条例。这条逾期逗留规定通常处罚超时停车，但是看在您是夏延游客的份上，我们希望您在这里尽量过得愉快，所以这次您的违章行为将被忽略。（况且，我们不可能因为超时停车而紧急集合。）

如果您在夏延期间需要我们的任何帮助，请拨打 637-6331。如果您有任何建议，请在下面填写您所在的区域，并用小矮马将快递寄出，或者到奥尼尔大道 2101 号最大的牧场旁停下来，四处看看。

松了一口气！多么意外的惊喜！这可能是第一次一个巡警在我妻子车的挡风玻璃上留下单子时让她脸上露出笑容。

我认识到（像夏延所做的那样）幽默并不能抵消管理城市的费用，但它却为来到夏延的游客们带来了愉快、持久而积极的印象。他们也很可能和其他人分享他们的正向的体验。

无论你是收到了一张违章停车罚单，还是这样一个警示便条，你都可能会记得这件事，要么是在收到罚单时的沮丧、气愤和蒙受损失的感觉，要么是在收到意想不到的幽默时的愉快、喜悦和轻松的感觉。

仔细思考一下，在经营生意中，你做些什么才能通过使用幽默将可能会产生不愉快记忆的过程（或者根本没有留下任何记忆）转变成让人愉快、持久而积极的印象的过程。

用幽默来缓解紧张气氛

恰当幽默的另一个作用是缓解紧张气氛。医疗行业为从业者提供机会使用幽默去缓解病人们不可避免的紧张，病人们总是很在意自己身体的健康状况、即将到来的外科手术，以及长期预后效果。

幽默除了能缓解紧张，还能给身体带来很多好处。欢笑被称为"体内慢跑"，因为它能够刺激心血管系统，提升血液中的含氧量，锻炼面部肌肉、肩膀、膈肌和腹部。欢笑本身就很有活力，它的残留效应能暂时降低血压、呼吸频率、心率和缓解肌肉紧张。根据马里兰大学医学中心2004 年的一项研究显示，欢笑与活跃的幽默感可能会降低人们患心脏病的风险。研究发现，与同龄的健康人群相比，心脏病患者在各种环境下的欢笑要少 40%。

我的四个孩子在丹佛的圣约瑟夫医院降生。很幸运，在孩子和母亲住院期间，为我们服务的都是一些懂得运用幽默的镇静和治愈作用的医疗人员。我们还记得一位护士给我们留下的愉快记忆。给我妻子换静脉注射液时，她唱着歌："我只有 IV[⊖]献给你！"还有那个使病房活跃的医生，他查房时总是会讲一些笑话，比如："一天一个苹果，医生'真的'就会远离我吗？当然，如果你瞄得足够准的话。"

幽默在其他情况下也可以缓解紧张气氛，制造快乐而不是紧张。例如，无论何时，当服务器充斥着等待处理的请求或者其他技术故障时，零售交易就会被延迟。如果这种延迟足够久的话，就会形成尴尬的停滞，因为顾客和售货员都等着费用和收据的审核和发放。通常在这种情况发生时，售货员的回复都是可以预料的。恼火时，她可能会翻着白眼叹着气说："抱歉，今天的机器真的是很慢。"当这种情况发生时，顾客通常只能回以淡淡的微笑。

相反，如果售货员微笑着，转动着收银台一侧的一个想象中的曲柄对

⊖　IV：Intra-veineuse 的缩写，此处指静脉注射液。——译者注

正在等候的顾客说："这种方法应该更快一点。"在这种情况下，幽默可能会缓解由于延迟所带来的紧张并且使顾客的购物体验从平庸提升到卓越。

机场也是一个可以利用幽默来缓解紧张，将抵触转化为合作的地方。在丹佛国际机场等候区等待美国联合航空公司的航班时，我听到一个登机服务员用对讲机通知我们的航班行李舱已满，必须要有一些乘客自愿将行李转交于他（免费照管），只有这样在登机时才能容纳下所有的随身行李。

经过两轮礼貌的邀请后，没有一位乘客愿意交出自己的行李。这时这个登机服务员尽他的最大努力模仿着克林特·伊斯特伍德⊖说："现在，看这里朋友们。我们可以有两种方式完成这件事。要么把行李转交给我，这看来真不错，来领一张行李存放单即可；要么我就不得不取回我的套索自己动手拿走行李。怎么样，朋友们？"

关内一片笑声，几个乘客拎着手提箱走近登机服务员并在登机前登记了行李物品信息。

当员工试图用幽默来缓解愤怒、沮丧或者客户的紧张情绪时，他们必须谨慎行事。确实，增加些幽默感对于分散客户的注意力，将注意力从对消极事件的气愤和紧张上转移，给客户提供一个更加轻松的视角是十分必要的。但由于某些问题的微妙属性，员工们必须用他们良好的判断力来确保运用的幽默是恰当的。员工们必须确保他们没有因为表现得过分熟悉或将客户的问题最小化而无意中冒犯了客户。

在大多数情况下，运用幽默的尺度要由员工与客户之间的关系来决定。总体来讲，员工与客户之间的关系越密切，他们所运用幽默的尺度就越宽，幽默也越不容易被误解。

⊖ 克林特·伊斯特伍德（Clint Eastwood）：被称为"城市牛仔"，他不仅是美国影坛的硬汉明星，同时也是导演和制片人。——译者注

☞ 何时运用幽默是不合时宜的

在这一章，我分享的例子都是关于如何运用恰当的幽默来提升客服质量，使之从平庸到卓越，并在客户脑海中留下持久而积极的印象。当然，不合时宜的幽默也可能被客户记住，当作一种冒犯并留下持久而消极的印象。大多数人都不是故意用幽默来冒犯他人的。通常情况下，当察觉到幽默不合时宜时，这往往都是无意的个人判断失误造成的，也可能仅仅是被误解的意外结果。

一家社区银行的职员走近我，这家社区银行在我隔壁的超市有家分行。他认为用我购物车里的 30 卷卫生纸来开始我们的谈话会是个好办法，他边暗自发笑边说："我看您买到了生活必需品了！"

我说："啊？"不明白他指的是什么。对此，他的回应是："在我们的联谊会中，我们从来不用卫生纸而'总是'用酒。"说完他又暗自笑了起来。

很显然，他现在觉得自己已经和我建立了足够密切的关系，可以进一步谈他们银行的抵押贷款再融资项目了。事实上，他非常错误地评估了他的受众。我不是二十几岁的联谊会兄弟，我不是他的同龄人。我们这代人不喜欢这类伪装成与客人过分熟悉、粗鲁、不专业的"银行业者"。在任何情况下我都不会想与这个人合作开立一个账户，更不用说把我的房子拿去抵押贷款这样重要的事情委托给他了。

与潜在客户建立关系往往是吸引他们与你做生意的第一步。但在工作之外与同龄人建立关系的方式与你在工作中与潜在客户建立关系的方式是完全不同的——尤其在还有其他因素（如年龄、性别和种族差异）存在时。

个人判断失误和误解是在所难免的，但还是要以运用恰当的幽默为目标。当与客户互动时，要了解有些话题是禁区，包括政治、性、宗教和（极有可能是）卫生纸。在任何情况下都要好好地利用你的判断力。

· · ·

像本章所阐述的那样，运用恰当的幽默体现了卓越服务的三个要义：

1. 它反映工作本质——最重要的事情，每个服务业从业者工作角色中最关键的方面。

2. 它始终是自发的。员工"选择"去运用恰当的幽默。

3. 没有额外花费。幽默不需要花钱！

想一想我们在本章开始见到的星巴克免下车窗口的咖啡师的工作角色。像所有咖啡师的工作角色一样，它由两部分组成：工作职责和工作本质。当他接受了我的订单，他通过表现与他工作角色有关的责任来执行工作职责。当他调皮地回答："好吧，我是巫师。我从你的声音里听出来了。"时，他是在运用恰当的幽默来表现工作本质。

星巴克的咖啡师必须要接受顾客的咖啡订单。（我的意思是，如果他们不这么做的话岂不是很尴尬！）但是，他在我面前发挥自己的幽默感却是自发的。他并不是必须要在我们的互动中运用恰当的幽默，大多数免下车窗口的员工也没有这样做。

那个咖啡师运用恰当的幽默花了多少钱？没有额外的花费。运用恰当的幽默是免费的！

马克·吐温说："幽默是人类最伟大的祝福。"即便如此，大多数企业却浪费了这个机会而没能在产品和服务中融入恰当的幽默，反而选择继续进行着那些客户已经习以为常的平庸的、刻板的流程。大多数员工不自觉地丧失掉了在执行必需的工作职责时运用恰当幽默的机会，将每一位客户都看成是最后一位。

为了能够给客户提供最好的服务，员工们必须仔细考虑如何运用恰当的幽默来建立与客户之间的融洽关系，使平凡的流程生动活泼，给人留下持久而积极的印象，并缓解紧张气氛。同时，员工们必须谨慎，不要使用那些会被看作是无礼的、倒胃口的或显得过分熟悉的幽默不经意地冒犯了客户。

从平庸到卓越

√ 除非一个企业或员工刻意去运用恰当的幽默，否则幽默将会是偶然的。

√ 运用恰当的幽默需要主动。

√ 运用恰当的幽默对于员工来讲是一种轻松地与客户建立融洽关系的方式，并可以使客户感觉舒服。

√ 运用恰当的幽默可以使客户们可预料的普通的流程变得生动活泼。

√ 恰当的幽默可以通过激发积极的感情来给客户留下持久而积极的印象，包括开心、高兴、得意、兴奋、幸福、欣喜和满足。

√ 运用恰当的幽默可以减缓由焦虑和争吵所引起的紧张。

√ 由于某些问题微妙的属性，员工们必须好好用他们良好的判断力来确保运用的幽默是恰当的，而不会愚蠢地运用不恰当的幽默冒犯客户。

√ 要了解特别是在工作环境中，某些话题是禁区，尤其是在工作场合，包括政治、性和宗教。

√ 运用恰当的幽默反映工作本质——最重要的事情，也是每个服务业从业者工作角色中最关键的方面。

√ 运用恰当的幽默始终是自发的。员工"选择"去运用恰当的幽默。

√ 没有额外花费。幽默不需要花钱！

☞ 恰当的幽默的应用

　　在下面的空白处记录下一些案例，看看你是如何运用本章的概念去提高你所提供的客服质量和影响的，如何从平庸到卓越！

平庸	卓越
添加一条自动语音邮件信息，提供典型的提示，如："在几小时的操作中，请按 1。"	添加一个自动语音邮件信息，提供一个意想不到的提示，如："如果您想听鸭子嘎嘎叫，请按 7。"
●	●
●	●
●	●
●	●

第 7 章

制造惊喜

制造惊喜可以使企业获得宝贵的机会，使员工能够吸引客户的注意力，激起客户的兴趣和好奇心，并在竞争激烈的市场环境中脱颖而出。惊喜是一种情感，它有助于增加警惕性和吸引注意力。通过挑战客户的设想和超越他们的预期，就会给他们留下有力的、难忘的记忆。

两年前的圣诞节前一周，我要在纽约的拉瓜迪亚机场搭乘早班飞机。当我在餐饮区轻松地喝着咖啡、看着报纸时，我察觉到一个小精灵正向我靠近。当我放下报纸时，我看到一个盛装的艺人，她向我介绍她自己是精灵卡多斯，我不自觉地露出了微笑。

后来，我得知卡多斯是机场经理雇来娱乐年轻游客的，她给游客们赠送气球创意品，比如鲜花、恐龙和糖果形气球。尽管我没带小孩旅行，但是我很感激卡多斯送给不安的孩子们的令人愉快的礼物，以及给疲惫的父母带来的愉快的惊喜，这能够让父母们在假期的长途旅行中有一段喘息的机会。

提供意想不到的服务（像机场里的精灵）可能比提供给客户可预料的服务留下更加持久而积极的印象。最近，我和妻子在丹佛的日本餐馆与另一对夫妇共进晚餐。我们点饮料时，服务生注意到我妻子努力了半天也想不起她曾点过的那种好喝的马提尼。因此他耐心地帮她回忆："杜松子酒还是伏特加？浑浊吗？加冰块吗？橄榄片还是柠檬片？摇动还是搅拌？"

我妻子选出了她理想的马提尼，他把剩下的酒水点好后离开，很快取来了所点的鸡尾酒。当他几分钟后回到我们的餐桌前时，他带给我妻子一张简易的手写备忘单，上面记录下了她喜爱的马提尼，帮助她以后再点马提尼时可以很快说出它的名字。他的举动给我印象最深之处在于，这完全出乎我们的意料。我能料想到他在合理的时间内准确地拿着我们所点的酒水归来，但是没有料想到他记录下了我妻子所喜欢的马提尼。

惊喜的作用是双向的，目标是降低客户不愉快购物体验的频率从而提升愉快购物体验的频率。从定义上来看，惊喜是意想不到的。总会有某些令人不愉快的惊吓是我们直到客户经历过后才察觉到的，就像一个餐厅的客人意识到这里刷不了美国运通卡，或者飞机乘客发现他的座椅倾斜。与制造业不同，部件是在受控的工厂环境中生产出来的，并且在供应给客户前都要经过质检，而服务业没有提前修正错误客服体验的机会。

当然，这个事实并不会妨碍企业从客户处得到反馈，以及不断检视服务过程以确保在可能的范围内为客户提供最优质的服务。除了刻意减少现有程序中不愉快的客服体验外，企业和员工也可以有意识地为客户制造惊喜。

☞ 如何制造惊喜

有几种方式能够制造惊喜并给客户留下持久而积极的印象。这可能包括提供：

√ 小赠品（赠予一些奖金或者礼物）或者其他"额外小意思"作为你提供服务的一部分。（例如，"每购买一磅⊖咖啡，我们就额外赠送一杯咖啡或浓缩咖啡饮料。你更喜欢哪一种？"）

√ 即时的惊喜。（例如，"戴维斯女士，我们已将您的座位升级为商务舱。感谢您的忠实光顾，并祝您旅途愉快。"）

√ 提前计划好的惊喜。（例如，"我们期待您已久并给您预留了能俯瞰海湾的特别位置。感谢您选择与我们共同庆祝您的纪念日。"）

√ 后续服务的惊喜。（例如，搬进新家的那天，我们收到了来自房产经纪人的一束鲜艳的插花！）

用小赠品或其他额外小意思来制造惊喜

"小赠品"（lagniappe）这个词来自在美国生活的西班牙人所使用的词组"la ñapa"（增加的东西）。这个词由路易斯安那州的法国人引入英语中，并主要应用在美国的墨西哥湾地区。在那里，走街串巷的商贩们总会在你购买时赠送给你一点"额外小意思"。例如，买 12 个贝奈特饼就会附赠一个贝奈特饼。商人们会为他们的顾客提供小赠品。这么做可以使顾客潜意识中增加所付款项价值，给他们带来惊喜。注意，惊喜可以是有形对象（比如免费的样品），也可以是服务的提升。

⊖ 1 磅≈0.45 千克。——译者注

我最近在丹佛见到了快乐蛋糕工坊的老板，并且了解到制造惊喜是她经营业务的一部分。在工作日，顾客们都可以在上午十点到十二点的"纸杯蛋糕欢乐时光"享受到未提前告知的折扣。顾客们还会被邀请参加"周一有奖智力问答"。下面就是有奖问答的运行机制：每周一都会有一个不同的问题贴在柜台旁。我最近一次光顾这家店时，张贴的问题是"美国的第一块商业饼干是什么？"

如果有顾客正确地回答了这个问题，他就会得到买一送一的奖励。也就是 6 个纸杯蛋糕变成了 12 个。这就是惊喜！（如果你像我一样猜的是"奥利奥"，那么你得到的还是原来想买的那些东西；如果你猜的是"动物饼干"，那么你就会得到双倍的纸杯蛋糕作为奖励！）

当然你不必为了给你的客户提供赠品而成为走街串巷的小贩或开一家烘焙店。我最近给一群自助洗车服务人员做讲演。他们当中的有些人对于惊喜与客服质量之间的关联持怀疑态度。他们主张，只要设备运转正常，客户就会满意。

我告诉这些人，在准备演讲时，我在网上看到了客户们对于一个自助洗车行的满意评价。这家洗车行为客户提供草莓香型的粉色泡沫肥皂，并且分发了 6 个价值 5 美元的代币而不是 5 个，这样就为客户带来了惊喜。通过用这些增加价值的"额外小意思"带给客户惊喜，这家自助洗车行变成了很多本地客户的首选，并且他们在网上的积极评价也吸引了更多的客户。

不管你的业务是什么，如果你现在正在服务客户，那么你可以通过为他们制造惊喜在未来更好地服务他们。但你必须有意识地去做这件事。我要求你回答以下问题，并把答案张贴在你的员工面前：在为客户制造惊喜时，我们给客户什么小赠品或"额外小意思"才可以增加产品或服务的价值？

以下是我最近作为客户遇到的能使服务体验得到提升的一些"额外小意思"的一些例子：

√ 通用汽车营销处在将车交给我之前为我提供了免费洗车服务。

√ 在我第一次光顾墨菲老爹比萨店时，在会员卡上印了一个卡通头像。现在我还缺 17 个头像就可以得到一份免费比萨了。

√ 星巴克现场为我提供了免费的咖啡粉、点心和特制咖啡饮料。

√ 丹佛的托尼市场预料到了我的需求，在给肉打包时还印上了说明（例如，准备工作、时间控制和温度）。

√ 科罗拉多州奥罗拉的红酒咖啡厅用法国研磨机现场制作咖啡。

√ 纽约的斯帕克斯牛排馆专业的服务生在主菜与甜点之间熟练地更换了餐布而没有移动酒杯或暴露餐台。

正如之前所述，有时"额外小意思"是有形的（例如，星巴克的免费样品），有时它是服务体验的无形方面（例如，斯帕克斯牛排馆的更换餐布服务）。在大多数情况下，它们都是令人意想不到的，并可以将客户服务从平庸提升到卓越！

一旦你为产品和服务的增值找到了合适的"额外小意思"，与你的前台员工交流一下。为了确保一致性，可以通过升级服务模式和流程来突显这些提升价值的惊喜内容。这么做你就能提升目前的服务质量，并且为客户提供更多的价值。平庸与卓越之间的区别其实就是那么一点"额外小意思"。

制造即时的惊喜

惊喜也可以是员工与客户互动时的一种令人愉快的补充物。很多时候，员工们抱怨自己的工作太过单调，客户们抱怨他们所遇到的服务人员太过制式化。制造即时的惊喜能够改变常规交易的单调性，使服务人员们的工作更令人满意，使客户服务体验更难忘。下面举一些例子：

√ 我最近一次去塔吉特百货购物时，收银员收了我的钱，给我收据的同时还送给我一张店内星巴克饮品的代金券。

√ 我在汽车 4S 店正准备付 851 美元维修费时，收银员给了我一张八五折的优惠券，并说："这张优惠券能为您节省 123 美元。我们与儿童基金会海洋玩具合作，如果您能在下周捐赠一个旧玩具，您今天就可以使用这张优惠券。"

√ 用艾伯森超市的自助付款机付款时，一位员工走近我，问我是否要一瓶赠送的促销沙拉酱汁。我愉快地接受了，并惊喜地得到了一瓶 16 盎司⊖的卡夫光明农场沙拉酱汁。

√ 我最近退给了劳氏公司一个我 19 个月前购买的水龙头。尽管这家店的退货政策是 90 天内包退，保修期为 12 个月，但商店的经理还是接受了我的退货，还送给了我一张价值 171 美元的商品积分卡。

√ 在纽约市中心的万豪酒店，前台接待员为了欢迎顾客，自发地为顾客送上"联系卡"。在顾客登记入住的同时还与他们分享一些信息（例如，来到该酒店的原因，打算观看的百老汇歌剧，打算尝试的餐厅），并且提供接待员的名字和电话号码以便日后为顾客提供帮助。

事实上，并不是所有的惊喜都是正式的，有时一个即时的惊喜可能

⊖ 1 盎司 = 28.350 克。——译者注

就是在电话响了一声以后就有人接听，一群人在一家颇受欢迎的餐厅没有预定就能获得餐位，或者在伸手之前行李就已经被送上了传送带。有时，它需要服务人员更多的独出心裁。

在丹佛的维斯塔烧烤店上菜间隙，服务生为我们提供了免费品尝主厨推荐的机会——也被称之为"开胃菜"（为了能够让你胃口大开吃得更多而提供的微量菜品）。这份惊喜是装在小型咖啡杯里的番茄椰汁咖喱汤。与以往不同，餐厅花费了微不足道的成本却给客人留下了持久而积极的印象。（并且当餐厅的客人被引诱去再点一杯或一碗这样的汤时，这家餐厅实际上就通过提供廉价的惊喜而增加了客人的平均消费。）

并不是所有惊喜都是需要花钱的。如果宾馆的客人能够早些入住、晚些退房的话，这个宾馆无须花费就为客人制造了惊喜。同样，如果登机口的服务员能够为顾客升级为一个原本空置的一等舱座位，让顾客放腿的空间宽松点的话，也不会增加航空公司额外的成本，却给顾客留下了持久而积极的印象。在迪士尼原野旅馆，管家们创造性地在孩子们去逛景点时将毛绒玩具、迪士尼卡通玩偶重新摆放，这是不需要额外花费的。当孩子们晚上回来时，他们会惊喜地发现小熊维尼正和跳跳虎玩着扑克，米老鼠正在看电视，而灰姑娘正和唐老鸭读书！

正如迪士尼原野旅馆的管家们所说的，惊喜总是会受到你的想象力和主动性的限制。几年前，我在华盛顿工作了一整天后，要飞往底特律在第二天上午做演讲。我到达底特律机场时已经很晚了。当我拿着行李进入中转站时已经差不多晚上 12 点了。当时，我遇到了一个穿着讲究的豪华轿车司机，他的林肯城市汽车一尘不染。我和他谈好了去市中心文艺复兴大厦的价格，把我的行李交给他，然后就钻进他为我打开的后座车门。

他很快回到自己的驾驶位后就开始沿马路驶出。他问我喜欢什么类型的音乐。我告诉他，这么晚了，我们还有 30 分钟的路程要走，我想要听些柔和的音乐。他说："那我给你一个惊喜吧。"然后我就在托尼·班奈特（Tony Bennett）的《因为你》(Because of You) 中缓缓睡去。

当我到达宾馆时，他与工作人员的交接就像我在机场得到的服务一样那么天衣无缝且专业。当然，我也回报了这个司机对细节的关注和专业。像大多数从他的服务中得到惊喜的客户一样，我给了他比平时更多的小费，并且我还打算乘他的车回机场。这就显示出，得到惊喜的客户们是如何不仅使员工今天受益，而且会为他们带来明天更多的生意的。

甚至有一门叫客户终生价值的科学可以从客户今天在企业的消费预测出他们未来在这里的消费。粗略地讲，客户终生价值是客户在一生当中消费的预计收入。这是利用每个客户的消费水平、购买频率、客户回头率、利润率和时间这样的平均变量计算得出的。提高客户终生价值最有效的方法是提高他们的整体满意度和再购买意愿，这是有据可查的。贝恩咨询公司的研究显示，客户的再次购买率增加 5%，就可以使利润提高 25%～95%。同样的研究发现，赢得新客户比留住现有客户要多花费 6～7 倍。

这并不是理论上的陈词滥调，它每天都在商业世界上演。我过 40 岁生日时，妻子和我去拉斯维加斯旅行。我们在游泳池边放松、看表演、玩扑克，还认识了很多朋友。我妻子预定了凯撒皇宫酒店来庆祝我的 40 岁生日。前台接待员在递给我房间钥匙时告诉我钥匙上有一张 1966 年的凯撒皇宫的全景黑白照片。然而当我们翻转钥匙后，我们发现的是一张 2006 年的凯撒皇宫的全景彩色照片。在我们简短的对话中，我们又借由生日庆祝歌的主题曲，托比·凯斯（Toby Keith）的流行歌曲《我像过去一样好》(*As Good As I Once Was*) 开起了玩笑。

手里拿着让人印象深刻的房间钥匙，我们走向刚对客户开放的奥古斯都塔楼的房间。这时我注意到我们的房间号码：4089。当我们到达我们的楼层走出电梯时，我妻子给我在巨大的楼层号40旁边拍了张照片。然后我们走向我们的房间。打开房门，发现我们房间的平面电视正在播放着音乐视频——托比·凯斯的《我像过去一样好》。无论这是刻意安排还是一个奇妙的巧合，我都很惊讶。我和妻子打开行李后就下楼去参观、探索这个庞大的建筑。当我们一个小时以后回来时，我收到了前台接待员送的一个小礼物和一张手写的便条，祝我40岁生日快乐，并在这里过得愉快。

那么，这个惊喜是如何与客户终生价值建立联系的呢？有明确的文件证明，在酒店环境中，客户满意度与酒店设施辅助消费之间存在关系。君迪公司研究得出结论，在满分为10分的范围内，客户满意度达到10（高度满意）就意味着这位客户每天在补充商品和服务上的平均花费会比那些不大满意的客户多14美元。

在凯撒皇宫酒店这种相互关系就是这样产生作用的：我们住的第一天，我取消了街边寿司店的预约就是为了在酒店自己的寿司店用餐。至此，在凯撒皇宫酒店的消费还没有止步。一周后，在给凯撒皇宫酒店的总裁盖瑞·史莱斯纳（Gary Selesner）的一个便条上，我承诺下次去拉斯维加斯时还住凯撒皇宫酒店。想一想拉斯维加斯有多少家酒店，这本身就很吸引人。其实客户会在一些相互竞争的酒店住一下，试一试也是非常自然的，这些酒店中有很多都用独特的主题让自己区别于竞争对手。

即便这样，我对史莱斯纳的承诺是"下次去拉斯维加斯时还住凯撒皇宫酒店"。注意，没有像"如果位置方便的话""如果价钱合适的话"

或"除非你们的竞争对手会为预订房间提供免费的演出门票"这样的限定词。我就是要回到凯撒皇宫酒店。就这样，说完了。

制造提前计划好的惊喜

一些惊喜是即时发生的，而有时一些惊喜则需要客服人员提前进行仔细的筹划。作为计划的一部分，在一开始就仔细审视一下你的设想是十分必要的。如果不是最佳选择，在过去的尝试中也没有得到预想的结果，重新审视一下常规的思维模式和现存的流程也是非常重要的。这使我想到了为达到市场目标获得情报而对客户进行拦截式调查的流程。

如果有人意外地接近你，手里拿着带夹子的写字板进行调查，你会有何感受？你会把它看成惊喜还是惊吓？以典型的拦截式调查的参与率来看，大多数人都会把这种调查看成惊吓，并希望尽量避免参与。

尽管如此，我最近与一个客户共同重新设计了调查方式。结果，参与率翻了一倍，反馈的数量和质量也大幅提高。这种结果是通过将大多数人认为的惊吓般打扰的过程转化成受参与者们欢迎的惊喜来实现的。

🔵 案例学习
制造惊喜转变拦截式调查

出行时，驾驶员们总会在国家游客中心停下来休息片刻，确定方向，同时了解一下当地的旅游景点。过去，我的客户会派调查员到国家游客中心获取游客们的反馈信息，例如来自哪个城市、目的地、休息时长、访问频率。参与率和反馈信息的质量反映出了大多数人对参与调查的看法。

　　了解到这个事实后，我的客户重新审视了调查过程并通过制造惊喜来提高调查质量。员工不再拿着写字板走近疲惫的游客们，而是拿着水桶和清洗风挡玻璃的橡胶刮板走近驾驶员们。当调查者清理着在几百公里高速公路上风挡积累下来的虫子尸体时，他们的对话就自然展开。在调查者的引导下征集到了所有需要的信息，而这些信息他们平常要通过一系列精心设计的问题才能够获得。

　　调查没有被游客们看作是浪费时间的打扰，而被看作是一个惊喜并节省了时间。通过提前计划好为游客制造惊喜，国家旅游办公室更好地服务了游客，与此同时改善了市场调查的效果。

　　正如这些挥舞着橡胶刮板的清理虫子尸体的调查者们所阐释的那样，制造预先计划好的惊喜并给客户留下持久而积极的印象是可能的，并且让客户惊喜得说不出话也是可能的（就像你在下面这个例子中所看到的）。

　　结婚十周年纪念日的两周前我在纽约城。一个下午，我在纽约第五大道的蒂芙尼（Tiffany & Co.）旗舰店挑选周年纪念戒指。一位认真的售货员一边给我讲解色彩、切工、纯净度和克拉重量的细微差别，一边向我展示几款戒指。

　　戒指在展柜的射灯下熠熠生辉。在我看了六七款戒指后，有一款我一直来回察看。售货员也注意到了。但是，这款戒指比其他几款都要贵25%。交流了30分钟后，我感谢他在我身上所花费的时间，但不得不告知他我当天不准备买下这枚戒指，因为两天后我与蒂芙尼丹佛店的一位售货员有约。尽管如此，他还是祝贺我即将到来的周年纪念，并祝我好运能够找到满意的戒指。

两天后，我去蒂芙尼丹佛店赴约，售货员将我带进了私人客户间并向我展示了一套她依据我的需求为我挑选的周年纪念戒指。在她依次展示戒指时，她会说一些像"这一款运用了您所期望的颜色和您想要的戒拖"这样的话。

以这种方式介绍了几款戒指后，她拿出了最后一枚，并说："这是您周二在纽约第五大道的店里看中的那枚戒指。"

我目瞪口呆！我说了些像"啊？什么？你是怎么……"之类的话。

她感觉到了我的惊讶，微笑着解释道，在我离开第五大道那家店不久她就接到了一个电话。那位店员与她沟通，连夜将这枚戒指送到丹佛以便能够赶上我们这次见面。

两位售货员齐心协力来完成客户服务，这完全出乎了顾客的预料。我没有推断并预料到周二在纽约看到的那枚戒指会出现在周四的选择方案中。

这种客服水平是不是影响了销量？猜猜我买了哪枚戒指？

随后，我给蒂芙尼的总裁写了封信，描述了这两位员工的出神入化的客户服务并保证"我绝不会从除蒂芙尼以外的珠宝店那里购买贵重的珠宝"。在顾客做出这样的承诺后，即便没有代金券和促销活动也足以吸引住他们（以及他们未来的消费）。

制造后续服务的惊喜

运用惊喜制造持久而积极的印象并巩固关系，让客户忠诚不二的另一个途径是在客户与你或者你的企业做完生意后向他们提供后续服务。这种惊喜可以是计划中的，也可以是自发的。计划好的后续行动是非常有益的，因为它往往能够持续发生；反而是自发的后续行动没有那么可靠，经常受人们的计划支配。

好事达保险公司（Allstate Insurance）计划为安全驾驶的投保人提供后续服务。每无事故驾驶六个月，投保人就可以得到一张安全驾驶奖金支票，额度可达到他们自动保费的 5%。

后续服务也可以是自发的。不管什么时候，当人们写感谢信给潜在客户、现有客户或与之交易的小贩时，这表明他们懂得表达感激和维系关系的价值。正像作家史蒂芬·柯维所说的，很多时候忙碌的专业人士"往往会陷入琐碎的事情中"。结果，他们想要制造跟进服务的意愿在他们争分夺秒完成紧密的日程安排时被丢在一旁。

为什么当其他人在通话、会面或销售之后提供后续服务时，会给客户留下深刻印象，就是大多数人都没有提供后续服务。如果你正在寻找一种方式使你和你的企业与其他企业有所区别，那么就请制造后续服务作为惊喜吧。

我曾在一次事件中与纽约的里德尔水晶（Riedel Crystal）的销售代表交换名片。其实我并没有指望能得到他的回复，但差不多一周后，我收到了一对圆润的里德尔红酒杯以及一张漂亮的明信片。从那时起，我购买的每一个玻璃酒杯，毫无例外都出自里德尔水晶。尽管里德尔水晶的这位销售代表在见面时就给我留下了好印象，但他的后续服务赢得了我对里德尔这个品牌的信任。

这些年来透过对客户的了解，我已经发现了兴趣和偏好能极大地影响我的后续服务的兴趣和优先选择。一位客户提到她旅行时为外孙购买了一枚胸针，因为他喜欢收藏胸针。回想起了我们的对话后，我就在丹佛国际机场买了一枚科罗拉多胸针，并附上了一张简单的明信片寄给她。

之后她告诉我她对此举动以及我还记得她说过她外孙喜欢收藏胸针深受感动。

还有一次，我在出差途中与两位外国客户共进午餐。一位说她不会用演示软件做幻灯片；另一位说她非常喜欢美国一家宾馆的曲奇饼干，并详细地描述了那些饼干。我回到家后，给第一位客户寄了一本加尔·雷纳德（Garr Reynolds）的书《演说之禅》（*Presentation Zen*）；给第二位客户寄了一盒我按照她的描述特别在那家宾馆订的曲奇。感谢信总是很受欢迎的，但如果你寄一份根据客户的兴趣为他们量身定做的礼物的话，可能效果会更进一步。

就在写这一章的前两周，我见到了一位年轻企业家，他刚在科罗拉多州岩石城堡开了他的第二家咖啡店。我注意到他的店提供忠诚度打孔卡，在打了九个孔后，顾客就可以免费喝到一杯咖啡。这使我想起了我看过的一项关于消费趋势的研究。顾客的打孔卡打上第一个孔之后，他们的速度就会加快兑换打孔卡。我问他是否看过这个研究时，很有趣，他说："没有，但是我有兴趣读一下。它在哪份报刊里呢？"

那时，我想不起我在哪里看到的这个研究，所以我就要了他的名片并答应我会找到那份刊物，之后一定告诉他。一两天后，我在奇普·希思和丹·希思的书《瞬变》（*Switch*）中找到了那项研究。我没有通过扫描或者将书中的摘要以电子版形式发送给他，而是买了一本原著邮寄给他，并附上了一张明信片，祝他的咖啡店经营成功。

我没有幻想过这位经营两家连锁店的企业家会记住我的建议。尽管如此，他可能会订阅我的博客，或者把我介绍给一个更适合我提供的服务的朋友。也许他是某个团体的成员，会对年会的话题和发言人建议有投票权。

当你在后续服务中制造了惊喜并马上得到了客户要选择你的产品或服务的承诺时，那真是一件很好的事，但这并不是你做这件事的原因。你制造惊喜的原因应该是你真诚地在意和关心他人。随着时间的推移，客户（或潜在客户）会感受到你的真诚，当他们要消费时，这就会成为他们消费的决定因素之一。如果他们没有立即选择你的产品或服务，没关系，毕竟你会长期处于他的选择栏里，对吗？况且，星巴克曾经在西雅图也只有两家店。

· · ·

在整本书中，我都在反复念叨提供卓越服务不需要额外花费。但是在这一章中，我们为客户制造惊喜却需要一些花费。例如，买 12 个贝奈特饼就可以获得一个额外的贝奈特饼；提供免费的开胃菜也需要花费；当蒂芙尼的售货员将周年纪念戒指从纽约店邮寄到丹佛店时也需要花费。即便这样，这与客户的终生价值相比都是完全可以忽略不计的。

康涅狄格大学的一项研究计算出，一个顾客在超市的平均终生价值是 25 万美元。如果超市收银员因为顾客的兑换券过期而拒绝送给顾客一盒仅仅价值 99 美分的三文鱼罐头，这听起来有点可笑，不是吗？不管有没有实物证据，顾客不满意大西洋三文鱼，经理就决定退还 40 美元，这样的事也有发生。

企业和员工小气地应付客户，例如，当员工选择拒绝延后失效期，拒绝给客户退钱，或者拒绝用其他方式给客户惊喜，他们就会由于自己为短期利益的鼠目寸光而牺牲掉长期收益。

美捷步是一家因为退货政策自由、为客户提供免费快运、为众多忠实的客户制造惊喜而享有盛誉的企业。美捷步的首席执行官谢家华（Tony Hsieh）评论这些以客户为中心的做法时说："实际上我们将很多我们本应投入在广告上的钱投入提高客户服务体验中。我们总是坚持做好客户服务，即便这么做不再有什么吸引力。"结果，美捷步75%的销量都来自回头客，他们都因为美捷步的产品和服务质量而感到很满意。

正如本章所述，制造惊喜体现了卓越服务的三个要义：

第一，它反映工作本质——最重要的事情，每个服务业从业者工作角色中最关键的方面。

第二，它始终是自发的。员工"选择"去制造惊喜。

第三，没有额外花费。惊喜几乎不需要花钱！

想一想迪士尼原野旅馆的管家们的工作角色。正如所有管家的工作角色一样，它由两部分组成：工作职责和工作本质。当管家们为顾客的房间吸尘或更换床单时，他们在通过表现与工作角色相关的职责来执行工作职责。但是当他们富有创造力地摆好孩子们的娃娃、毛绒玩具，让它们读书或者打扑克，那么管家们就是在通过让逛了一天主题公园的孩子们回来后有个惊喜来表现工作本质。

管家们"需要"为顾客的房间吸尘和更换床单，但是他们决定通过给孩子们的娃娃摆出各种各样可爱的造型来带给他们惊喜却是自发的。他们不是必须制造惊喜来激发孩子们的想象力，并且大多数的管家也没有这么做。

迪士尼的管家为顾客制造类似的惊喜需要花费多少钱？没有额外的花费。将毛绒玩具摆个姿势来取悦孩子是不需要花钱的！

大多数时候，消费者从一线员工处得到的客户服务质量是非常平庸的。因为员工们目光短浅地只关注工作职责，与客户的互动就变得制式化，结果也是可以预料的，每个客户都被当成最后一个客户。在这种工作环境下，员工们不知不觉地丧失了展示自己独特风格和天赋的机会，所以，客户们只能用乏味和平淡来形容他们的客户服务体验了。

无论是惊喜还是惊吓，都会打破单调、增加警惕性和吸引注意力。换言之，二者能够吸引客户的注意力，并往往是最使人印象深刻的方式。客户们不会记得与员工之间的整个互动过程，他们只记得与员工互动过程中的"片刻"。这片刻可能是餐厅员工用免费的开胃菜带给顾客的惊喜时刻，也可能是投保人收到了意外退税支票的时刻。

机会在于为客户提供意料之外的、令人愉悦的惊喜，给客户留下持久而积极的印象。为了能够脱颖而出，企业和员工应该把小赠品作为客户服务的一部分。这些"额外小意思"增强了客户对他们所支付价格的价值的感知。员工也必须注意制造惊喜的时机，可以为客户制造事先计划好的惊喜，也可以在后续服务中为客户制造惊喜。这么做有助于给客户留下持久而积极的印象，提高客户服务质量，使之从平庸到卓越。

从平庸到卓越

√ 惊喜是一种情感，它的作用是增加警惕性和吸引注意力。通过挑战客户的设想和超越他们的预期，就会给他们留下有力的、难忘的记忆。

√ 提供小赠品（一些附加的东西）或者"额外小意思"能为客户制造惊喜并为他们支付的价格增加价值。

√ 制造即时的惊喜能够改变常规交易的单调性，使服务人员的工作更令人满意，使客户服务体验更难忘。

√ 客户终生价值是客户一生当中消费的预计收入。这是利用每个客户的消费水平、购买频率、客户回头率、利润率和时间这样的平均变量计算得出的。

√ 当制造提前计划好的惊喜时，在一开始就仔细审视一下你的设想是十分必要的。如果不是最佳选择，在过去的尝试中也没有得到预期的结果，重新审视一下常规的思维模式和现存的流程也是非常重要的。

√ 无论是将后续服务当作你或者你的企业给客户制造的计划的或者自发的惊喜都能够给客户留下持久而积极的印象，增进与客户间的关系并巩固客户忠诚度。

√ 企业小气地应付客户，如拒绝延后失效期，拒绝给客户退钱，或者拒绝用其他方式给客户惊喜，他们就会由于自己对短期利益的鼠目寸光而牺牲掉长期收益。

√ 客户们不会记得与员工之间的整个互动过程，他们只记得与员工互动过程中的"片刻"。

√ 制造惊喜反映工作本质——最重要的事情，每个服务业从业者工作角色中最关键的方面。

√ 制造惊喜始终是自发的。员工"选择"去制造惊喜。

√ 制造惊喜几乎没有额外花费。任何的花费与客户的终生价值比较起来都是不值得一提的。

☞ 运用惊喜

在下面的空白处记录下一些案例，看看你是如何运用本章的概念去提高你所提供的客服质量和影响的，如何从平庸到卓越！

平庸	卓越
拿着写字板、笔和调查表打扰驾驶员们来进行拦截式调查，以获得他们对旅游计划的宝贵意见。	带着水桶、橡胶刮子，以非正式的方式接近驾驶员，给他们惊喜，从而获得他们对旅游计划的宝贵意见。
●	●
●	●
●	●
●	●

CHAPTER 8
第 8 章

勇于提供卓越服务

马丁·路德·金曾说过："每个人都有力量变得伟大，不是为了名誉，而是为了伟大本身，因为伟大是由服务决定的。"

勇于提供卓越服务就是要更进一步，超越客户们早已预知到的工作角色。简而言之，就是要实现伟大。实现伟大并不容易，也不是每天都会发生的。幸运的是，员工也很少被要求这样做。它是一种期盼而不是规定。但是当形势所需并且员工们尽最大努力服务客户时，它就会给人留下持久而积极的印象，重申客户的重要性并巩固与客户的关系。

一些员工有勇于提供卓越服务的爱好，这成了很多积极的客户感谢信的主题，偶尔也会成为企业的传奇。你还记得前一章提过的蒂芙尼的故事吗？在我选结婚周年戒指时，蒂芙尼纽约店的售货员和丹佛店的售货员合作为我带来了惊喜。多让人印象深刻呀，不是吗？如果故事就此结束，那么吸引人的就是故事本身——但是，故事远没有这样结束。

当我在蒂芙尼丹佛店买下那枚戒指后，需要确定一下戒指的尺寸，那么戒指就得第二天才能做好。因为我和妻子计划在科罗拉多州斯普林斯的布罗德莫酒店度过结婚纪念日，那里离我们位于丹佛东南部的家有一个半小时的车程，所以我就安排把这枚戒指从店里邮寄给酒店的餐饮部主管。我们共同计划将这枚戒指放到我们周年餐的甜点里。

但就在这一切即将发生时，在我们结婚纪念日的早晨，丹佛遭到了暴风雪的袭击，因此我们取消了开车去科罗拉多州斯普林斯的计划。与此同时，那枚戒指已经被寄出，UPS 快递正在向酒店投递。

我十分为难地联系了蒂芙尼的售货员，她保证她会处理好这件事。于是，接下来，传奇的事件发生了。蒂芙尼安排了一个勇敢的保安开了两小时的车到达科罗拉多州斯普林斯，当时 UPS 快递的车正停在那里准备配送戒指。提供了 UPS 快递所需的必要文件后，这位保安又开了一个半小时的车把戒指送到了我家。

我曾经听过一个类似的客户评价，就是坐火车绕着整个国家来为客户服务。毫无例外，这些故事有一个共同因素，就是客户们最终会对所涉及的企业毫无条件地忠诚。

☞ 勇于提供卓越服务的两种方式

有两种服务英雄。第一种是"无过错的勇敢服务行为"，他们作为客服人员没有任何过错，也没有偏离客户的预期，为现有客户或潜在客户服务。第二种是"有过错的勇敢服务行为"，他们为了应对由企业或客服人员引发的问题，而向现有客户或潜在客户提供有缺陷的服务，他们的补救措施往往是客户们可以预料到的。

在大多数情况下，服务英雄都是在客户经历挫折后的危机中诞生。

有时客服人员也可以通过抓住机会取悦客户来成为服务英雄，尽管此时可能根本没有什么问题存在（像第 7 章中蒂芙尼纽约店的售货员所表现的那样）。暂且不考虑环境，担当服务英雄需要客服人员把这些情况看作是机会，而不是把它们看作是他们想要避免的阻碍或麻烦。

无过错的勇敢的服务行为

像蒂芙尼售货员的工作表现那样，在企业没有出错，顾客也没有期盼服务英雄时，员工还是可以抓住机会为顾客多做点什么。当蒂芙尼按要求把戒指寄送到布罗德莫酒店时，售货员就已经完成了她的职责，她并没有义务在暴风雪天里安排人向南驱车两个多小时追上 UPS 快递载着那枚戒指的车，拿到包裹，再开上 90 多分钟，把包裹送到我的家里。当然，我也没料到蒂芙尼会这么做。

我所见到的蒂芙尼的三个员工都有一个共同的品质，如果没有这个品质，我保证不会买下那枚戒指，当然也不会在我们的结婚周年纪念日及时地收到它并将它送给我的妻子。这个品质就是主动性。

在第 2 章我提到服务是个动词。确实如此，不是吗？实现卓越的客户服务对于服务人员来讲就是需要行动。行动的对立面就是不作为和冷漠。很多时候，当员工有机会勇敢提供服务行为并给客户留下持久而积极的印象时，员工反而选择不去行动。毕竟，他们是按小时拿工资的，冷漠的员工和那些表现出主动性的员工拿到的工资是一样的。很多无精打采的员工在评价他们的不作为时会说"我们控制不了天气"或"这不是我们的责任"又或者"我们的工作已经做完了，现在，这是他的问题"。

这里还有一个例子，讲的是另一家企业的一位员工，他选择了行动而不是不作为。

🔵 案例学习

红罗宾团队成员勇于提供卓越服务

一家四口在去威瑞森无线通信店前，在科罗拉多州奥罗拉的红罗宾汉堡店吃晚餐。这家人中最小的儿子上八年级，他打算用他攒下的钱在无线通信店里订一部 iPhone 5 手机。在无线通信店排了很长时间队最后终于轮到他时，这个男孩突然发现他装着 320 美元的钱包丢了。

慌乱中，他的妈妈给餐厅打了电话，想看看是不是有人捡到了那个钱包。红罗宾汉堡店的所有服务员仔细检查了他们一家坐过的座位和放钱包的地方。但让他们一家失望的是，钱包找到了，但所有的钱都丢了。

一家人回到餐厅，取回了那个空钱包。服务员注意到那个积蓄被偷了的男孩眼含泪水，他详细叙述着当他发现自己的钱包不见了时无助的感觉。孩子的父母留下了家里的电话号码，仍抱着有人归还的渺茫希望。

就在那天晚些时候，红罗宾汉堡店的一位服务员和他的父母分享了这个故事，并说他会联合餐厅的其他成员筹集一些钱来弥补这个孩子的损失。他的父亲掏出自己的钱包，拿出一张钞票说："这里有 20 美元，作为你的启动基金。"

第二天上班时，这位服务员和他的同事们讲了这个故事。那一天，他收集到了来自大家的捐款。下午，在得到了经理的同意后，他给那个男孩的家里打了电话，和男孩的母亲通了话，并邀请他们全家当天晚上到红罗宾汉堡店来做客。当他们到达时，他和他的同事们送给了那个男孩一张有所有员工签名的鼓励卡，以及 320 美元——和那个男孩弄丢的钱一样多。

红罗宾汉堡店鼓励员工们提供服务时不要有太多拘束。该行为在其官方网站上的定义是：团队成员对待顾客和其他团队成员时可以"尽可能地表现善良"。这再清楚不过了,红罗宾汉堡店的服务员在这里证实了这一点。这比企业对客户服务的空洞的陈词滥调要有意义得多。尽管餐厅并没有犯错,顾客也没指望服务员们会有所行动,但服务员还是勇于提供卓越服务,解决了这个问题。这是一种做生意的方式,是红罗宾汉堡店让人惊喜的服务文化和对顾客表达的关心的真实证明。

有过错的勇敢的服务行为

与没有过错但是帮忙解决问题的无过错的勇敢服务行为不同,有过错的勇敢服务行为是基于服务人员或企业应承担责任的问题的。

在整本书中,我不断强调卓越服务并不比平庸服务花费得多。那么勇于提供卓越服务而不需要额外花费也是有可能的,但对于有过错的勇敢服务行为来说,你可能需要把你的支票簿拿出来了。

我岳父母最近在他们的牛排馆发起了一项周日早午餐活动。除了少量的社会媒体广告,他们没有给这个早午餐活动做其他宣传。他们没想到会有很多人参加,这一点从他们的人员配备、食品库存和厨房准备上就看得出来。但是,在一个小时内所有预先准备好的食品就已经卖完了,餐点要等上一个多小时才能上齐。为了安抚躁动不安的客人,我岳父埃德挨桌致歉,赠送日后可以使用的免费用餐券,并鼓励客人点一些酒水,当然,完全免费。这些酒中就包括非常昂贵的来自白银橡树和卡布瑞酒窖的解百纳。

事后我和埃德聊起这件事,他说尽管这样的处理方式需要花很多钱,但他得到了很多关于食品质量(当它最后终于被端上餐桌时)和服务员态度(尽管他们差不多整个下午都手忙脚乱)的积极评价。他说付款的时候,很多顾客都留下了 50% ~ 100% 的小费来感谢他的慷慨大方,并保证很快会带朋友再来光顾。埃德知道他饭店的成功并不是由某个周日的利润决定的，而是由愉快的顾客的终生价值决定的。

在这里我想要区分一下执行服务补救方案与有过错的勇敢服务行为。前者指的是为承认和补救服务过失所涉及的操作方式。即便客服声誉不好的企业也有现成的服务补救方案。例如，当航空公司和宾馆超额预订了可用的航班座位和宾馆房间时，员工们通常就会遵照文件规定或相关措施来补偿由于服务失误而受到影响的客户。航空公司可能会提供一系列餐饮、交通、住宿、机票报销服务或航班代金券。宾馆可能会为那些不得不选择其他宾馆的顾客支付类似的费用，以及在情况允许时承担他们在其他酒店时产生的住宿的费用。

但是，执行服务补救方案不等同于提供有过错的勇敢服务行为。执行服务补救方案是雇主授权的工作职责（与工作角色有关的任务），是员工们拿薪水的原因，无法令人印象深刻。但是有过错的勇敢服务行为反映的是工作本质（员工工作中的最重要的事情），这是员工自发的，他们没为此多拿一分钱。员工的小时工资是不变的，也不会因为他们执行服务补救方案或者进一步提供了勇敢服务而有所波动。

下面这个例子阐释了执行服务补救方案（对待每个客户都像是最后一个）与提供卓越但有过错的勇敢服务行为之间的区别。

几年前，我到凯迪拉克 4S 店为我的车做保养。4S 店有等候区，也提供班车接送服务，在爱车进行维修时会将我送到目的地。

把车钥匙留在服务区后，我预订了班车接送服务。我被告知班车现在在厂区外，要大约 15 分钟后才能回来。我问接待员，司机回来时是否能去等候区接我，我想去城里办点事。

接待员同意了，并留下了我的姓名和电话号码，并向我保证班车 15

分钟内就会回来。我坐在等候区后，一个客户打电话给我。我接起电话并在等候区找了一个安静的角落和他交谈。差不多 5 分钟后，负责接送服务的司机出现了，他叫我的名字。我向司机示意正在打电话，还需要等几分钟。

那位司机离开了等候区几分钟后又回来了。因为看到我正一边听客户的电话一边在笔记本上记录，那个司机走近我，指了指他的手表，示意我赶快结束，并说："我还要去别的地方。"

我被他的行为惊呆了，我示意他不要等我了，我准备坐下一班班车。显然他很恼怒，大声地叹了一口气就转身离开了。打完电话后，我去了 4S 店总经理办公室，我们坐了下来，我把刚发生的事告诉了他，并意识到是我造成了这次误解。

我发现这个冲突并不是凭空发生的。冲突是没能满足预期的结果——很显然，我没能满足班车司机的预期。毕竟，是我预订了班车服务，但当司机回来时却没能完成服务。即便这样，我还是告诉了那个总经理，班车司机的行为使我感觉到作为客户的我的价值被低估了。（他的 4S 店花了大笔钱来引发客户产生某种积极的感受，但我确定，这些感受当中不包括"被低估"。）

总经理接下来的做法巩固了我对他的 4S 店以及凯迪拉克这个品牌的忠诚度。他说："给，开我的车。"随后就给了我一把车钥匙，那是停在停车场的一辆崭新的白色凯迪拉克 CTS。

当我们从他的办公室走向展厅时，他替班车司机向我道歉，并感谢我的光顾，他说："想用多久就用多久吧。我在店里要待到晚上七点呢。"他的提议显示出他的同情心和反应力，这是在传统的服务补救方案中找不到的勇敢的服务行为。

下面将介绍提供勇敢的服务行为来解决问题的基本真理，这会为员工们创造性地发现和解决客户所遇到的合理问题打下基础。

☞ 如何通过勇于提供卓越服务来解决客户问题

无论企业和员工是否有过错，将客户所遇到的问题看作是机遇，将客户看作是合作伙伴而不是敌人，这十分重要。当然，处理你为客户造成的问题的最好方法就是避免问题产生。如果你经营餐馆，最好有足够的人员储备和食品库存；如果你经营航空公司或餐厅，最好充分遵守预订；如果你经营汽车 4S 店，那么就要雇用有礼貌的班车司机。但没有办法，我们就生活在一个由不完美的人和有瑕疵的程序构成的世界里。

正因如此，员工们认同以下通过勇于提供卓越服务来解决客户问题的基本真理是十分重要的：客户的问题就是我们的问题；"眼光敏锐的"客户并不是"挑剔的"客户；特殊情况需要特殊的客户服务；每个客户都是不可取代的。

客户的问题就是我们的问题

一些企业和员工对待客户的问题就好像那只是客户自己的问题一样。这使我不禁要问："难道这个问题对你们来讲不应该像对我一样重要吗？"

最近，一家百叶窗公司的设计顾问来到我家测量尺寸，因为我要替换两个百叶窗和窗幔。在她的拜访过程中，我询问了她几个关于更换绳索拉动器（一个绑在窗帘绳尾端的小型塑料装置）的问题。因为已经使用了十年，而且我们家有四个孩子，房子里的好几个绳索拉动器都已经丢失了。

她回答道："您可以打电话跟别人要几个。"

我对她的回答很惊讶："我不明白，你不就是百叶窗公司的吗？我要打电话给谁去购买替换的绳索拉动器呢？"

在那一刻，她似乎明白了她最初回答的讽刺意味。她变得温和很多，还说她会看看她能做点什么。但是为什么我需要刺激她明显缺乏的主动性才能得到积极的结果呢？

去年春天，我在草坪服务中也遇到了类似的经历。当我的草坪被通过风、施过肥后，我发现黄色的草沿着前院的东墙铺开了。我的第一个想法就是，在处理景观石边上的草时无意中将除草剂喷多了。我打电话询问服务人员能不能来一趟看一下。

几天后，一个技术工人来到我家，检查过草坪后告诉我，草坪中有螨虫。他建议我用耙子把黄色已经死掉的草耙掉。正当他准备离开时，我问道："您能做点什么除掉草坪螨虫吗？"他说他会把这项加到我下次的服务单上，但同时我应该给已经损坏的草坪重新播种或铺草。

之后，我就看了草坪服务网站并发现有整整一个网页都是介绍如何发现及处理草坪螨虫的。我联系到刚刚为我诊断问题的技术工人，并问他既然他所在的企业投入了整篇网页来介绍如何发现及处理草坪螨虫，为什么在去年秋天或今年春天防护检修时没有解决这个问题呢？我问他，在前 30 天里，他所在的企业曾经两次来为我的草坪查找问题，为什么现在——预约技术工人，替换坏的草坪，维护草坪健康——成了我的责任？

我告诉他："我想我们的目标是相同的，要一个健康绿色的草坪。我花了钱，也经常给它浇水，但我希望你能够做得更好些。即便处理草坪螨虫不在服务条款的范围里，但我也希望你能够给我些处理意见，即使是多付些额外的费用，因为我们都想要一个健康绿色的草坪，不是吗？

这个要求你觉得合理吗?"

值得赞扬的是,这个技术工人没有表现出戒备心。他认同了我的预期的合理性,并很负责任地接受了我的要求,第二天就为我维修坏的草坪。

当你的客户遇到问题时,你就会有问题。不要忽略问题或把责任推卸给客户,承担起自己的责任,在迅速为客户解决问题时表达出真诚的关心。

"眼光敏锐的"客户并不是"挑剔的"客户

研讨会的参与者们一次又一次地问我:"对付那些挑剔客户的最好办法是什么?"

我的回答是:"如果你给他们贴上'挑剔'的标签,那么他们就是挑剔的客户。"我更喜欢"眼光敏锐"这个形容词,而不是"挑剔"。仔细琢磨一下下面的两个概念。

眼光敏锐:注意到不同或区别;表现出敏锐的洞察力和良好的判断力;感觉敏锐。

挑剔:很难取悦或很难感到满意。

很多时候,客户抱怨是因为他们的预期没有得到满足。这并不是他们难以取悦的标志,这只是一个信号,说明他们注意到了他们的预期与他们最终得到的之间的不同。

员工们在这些情况下往往都会表现出防御性,你可以从他们的脸上和肢体语言中看得出来。他们褪去微笑,抱着肩膀。随后他们就边开始说话(他们的声音变得有些严肃,甚至傲慢)边撤退到"政策"或"条款和条件"的安全区域。

我曾经在欧迪办公(Office Depot)看到一个明显很失望的客户。他沮丧是因为在他等待输出订单的过程中一个打印中心的员工离开了几分钟去帮助商店里另一个部门的客户。最后，一个商场管理员走近了他。

这个客户不是很难取悦。他只是注意到了他的预期（及时完成订单打印）和他最终得到的服务（没有解释就意外地延迟了）之间的差别。

我注意到了这种冲突，并且当员工愿意让客户将不满发泄出来，并愿意花时间了解客户所面对的问题时，我总是为他们的倾听感到高兴。通常，客户只是想要被倾听，想要他们的抱怨被认可和确认。

员工们有效表现出他们完全理解客户的抱怨的一个很好的技巧是在客户发泄时，复述（不是鹦鹉学舌）他们听到的事实和感受。无论员工是否有过错，道歉也要跟上。

例如，欧迪办公的管理员走近客户回复道："很抱歉，马克去帮助其他的客户了，让您久等了。我们都不知道还要等多久，这确实令人沮丧。"然后，这个管理员可以选择亲自完成打印工作，也许还可以因为意外的耽搁给这位客户的订单打个折。

在完成之前，管理员可以再强调一下之前的道歉，并让客户知道他的订单可以打折。然后管理员可以表示感激并通过询问征求客户的反馈："我叫劳拉，是这里的管理员，我会和我的团队分享这个经验以便提高我们以后的响应能力和沟通能力。"

确实，有些客户比其他客户更加眼光敏锐，但这并不意味着这些客户是"挑剔的"。事实上，这些客户给员工在提高自己的紧迫感、关注细节、跟进后续服务方面提供了独特的机会。

特殊情况需要特殊的客户服务

你注意到了吗，当你将问题和误解带给一线员工时，他们倾向于变得有戒备心。除非你的生意存在长期未解决的问题，否则问题和误解就都是特殊情况。从定义上看，特殊情况都不符合一般规则，这也就决定了它们不经常发生。这就是它们被称为特殊情况的原因。

当特殊情况在你的工作地点发生时，它们通常都是怎样被处理的？

在很多案例中，特殊情况是客户为难、产生误解或没被满足预期时产生的明显的沟通障碍，当一线员工注意到这一点时，他们可以用微笑、眼神交流和热情服务来跨越这些障碍。这就好像在客户为难时，他和员工之间产生了裂痕。很多员工没有将此看作一个他们为客户服务的机会，而是退缩，将客户看作是挑剔的或者被误导了。

想想一对夫妇周五晚上走进一家很受欢迎的餐厅但没有提前预约，老板娘是发挥她的魔力安排他们用餐，还是因为他们不符合条件，显得傲慢和天真而表现出不屑一顾？（"你能想象吗？出现在这里，在周五晚上，没有预订，还想要一张空桌？这种人真有勇气！"）

最近在丹佛国际机场，我到海蒂布鲁克林熟食店去买三明治。我走近柜台时，我听到我前面的顾客问，三明治的面包片能不能比他看到前门柜台里的切得薄一些。（通常情况下，这个连锁店的面包片都是在为客人准备餐点时用现烤的面包现切的。但是，因为这家店在机场，客流量大，面包片都是提前切好放在干净的塑料桶里。）柜台里提前切好的面包片都非常厚。据我所知，这个顾客近期被诊断为颞下颌关节紊乱病[⊖]。这就限制了他张嘴的大小，给他带来了长期的痛苦。

员工的回应是面包片已经提前切好了，没办法再薄些。这个顾客只好走到柜台前点了一杯饮料和一包薯条。

　⊖　颞下颌关节紊乱病：一种会引起张嘴困难的疾病。——译者注

同时我注意到，在开放式厨房里，还有十几条没切的面包放在货架上。我问员工能不能在顾客需要时用那些面包来切薄一点的面包片。开始她说不行，因为据她所说，自动切面包机切出来的面包片都是标准厚度的。

然后我问她柜台后有没有切面包的刀。这时她似乎意识到了什么，并说也许她可以满足那位顾客的要求。

那位顾客听到了我们之间的对话。他走近我说："谢谢。现在我能点一个三明治了吗？顺便问一下，这里除了服务外还有什么好？"他眨着眼睛问道。

在丹佛国际机场的海蒂布鲁克林熟食店有多少员工会为有需求的顾客切薄一点的面包片呢？两个？三个？四个？我不确定，但是我可以肯定地说，不会经常有这样的要求。它们会是特殊情况。特殊情况就需要特殊的客户服务。

大多数员工都不会选择提供糟糕的客户服务，他们只是没选择提供卓越的客户服务。相反，大多数客服人员在服务客户时也仅仅满足于完成他们的工作角色，执行一系列强制的工作职责，欣然地忽略掉他们每天错过的主动取悦客户的机会。

有时，客户的要求是超范围的，这就需要多一些主动性和创造力，而不仅仅是用一把刀来满足顾客的将面包切薄一点的要求。例如，如果登记入住时，宾馆的客人要求每天早上将《纽约时报》送到房间，而宾馆只提供当地的报纸，像《华尔街日报》和《今日美国》，那么大多数前台接待都会如何回答呢？

以下是一些预期的回应：

√ "我们这里没有《纽约时报》。这里是西雅图。"

√ "抱歉，我们只有本地的报纸——《华尔街日报》和《今日美国》。"

√ "我们不提供《纽约时报》，但我知道街角的星巴克有。"

如果你有办法拿到《纽约时报》，那么不要采用这些回答。为什么不列一张所供报纸的单子，然后说"让我看看我能做点什么"。毕竟，顾客也不可能要看《法兰克福汇报》，尽管最优秀的员工也可能找得到这份报纸。

当顾客没有特别强烈的偏好时，他们可能会说些像："哦，没事。我每天都读《纽约时报》，不过《今日美国》也行。"但如果你感觉不妥，那么这就可能是一个你可以出风头的机会。

如果你上的是明天的早班，为什么不在你上班的途中溜达到星巴克，在顾客走出房门时给他个惊喜呢，也许可以再加上一个个性化的便利贴。如果你不是第二天的早班，那么就让经理或者第二天上早班的同事安排一下吧。这么做，你可以使大家的工作都很有趣，并在这个过程中给顾客留下持久而积极的印象！

一些员工可能会说："如果你为一位客户这样做了，那么每位客户都会这样要求。"这太可笑了，这是平凡的员工为平庸的客户服务找的借口。这是那些既不愿意绕道又把每个客户都当作是最后一个客户的员工们的基本工作原理，这两种员工都不会赢得赞扬他们的忠实客户。

满足客户偏好的程度就是要看员工们实现它们的难度了。当员工从客户那里获悉了他独特的偏好，那么员工就应该在肢体语言、语调上表达出他们认为客户的偏好是合理的，如果有可行的办法，就应该满足客户的要求。

将对特殊情况的回应定位为经常需要做的事情是不可持续的。换言之，如果海蒂布鲁克林熟食店的员工们发现自己总是不得不去满足客户要薄面包片的要求，或者前台接待总是要满足客户要看《纽约时报》的要求，那么这些企业就需要重新审视，并更新相关的服务模式了。这么做能够让员工始终满足客户的需求，而不是总是需要做出回应，或更糟糕的，对这些要求说不。

在弗朗西斯·弗赖（Frances Frei）和安妮·莫里斯（Anne Morriss）的杰出著作《非凡服务》（*Uncommon Service*）中，作者建议读者们做"平凡的主角"。作者强调的关键是：如果企业只依靠几个优秀员工来孜孜不倦地对产品和服务质量的系统性缺陷做出回应以安抚客户的话，那么长期以来，这些服务补救措施最终将导致员工的不满、疲倦，辞职也只是时间问题罢了。正如作者恰当地警告："让员工过度工作时，员工就会感到负担沉重。"

意识到每个客户都是不可取代的

在本月早些时候，在我做讲演时一个参与者提出了这个问题："一个客户不满意地离开了，可后面还有一排等着替代他的客户，他们有什么分别吗？"

我曾在纽约、奥兰多这样的客流量大的环境下工作，我发现了这种情绪，甚至听一线工作人员提出过同样的问题，他们认为总会有客户排着队把钱送上门来，这是理所当然的。

一些员工很幸运能够在繁忙的环境下工作，这里的需求多，客户量也大。这些行业还经常会通过溢价销售来实现切实利润，这是因为他们的产品或服务是有需求的，他们的运营也是有利可图的。这些行业的员工们可能会认为，如果他们失去了一个不满意的客户，那么街上就会有下一个（或十个）在排队的客户顶上，这是合理的。

这种理论是有缺陷的，会助长傲慢，并导致员工对客户和他们的消费态度冷漠。这些员工们没意识到的是，每个客户都是不可取代的，不能忽略他们的要求。我最初是在莱昂纳多·因基莱里（Leonardo Inghilleri）和迈卡·所罗门（Micah Solomon）的著作《超预期》（*Exceptional Service, Exceptional Profit*）中读到这个概念的。

客户维系的传统思维方式是客户是可取代的。意思就是当一个客户离开时，就会有另外一个客户代替他。但是因基莱里和所罗门却没有讨论无个性的客户，他们谈论的是因为缺乏远见没有提前预订很受欢迎的餐厅而被傲慢的女主人拒绝的夫妇，还有排队足足等了 5 分钟却一动没动，无奈只能放弃奶油爆米花和可乐，只有这样才不会错过电影精彩的开头的观众。

如果那对被拒的夫妇和那些沮丧的观众对他们的体验不满意，他们可能会找到其他能令他们得到更多尊重、更具灵活性、效率更高、有回应或者具备一些其他吸引因素的餐厅和电影院。因为大多数客户都不会抱怨，那么你可能永远也不会知道他们离开了以及为什么离开。

这才是可怕的部分：那对被拒绝的夫妇和那些匿名的电影观众都是不可替代的。当他们决定不和你做生意时，他们就会这么做。因此，即便你再吸引一个新客户来消费，你也不会从这些不满意的客户那里再赚到一块钱。

你应该认识到，每位客户都是不可取代的。当他们选择不再光顾时，企业就失去了客户对自己生意的终生贡献，其中就包括未来消费、反馈和成为推荐人。

· · ·

正如本章所述，勇于提供卓越服务体现了卓越服务的三个要义：

第一，它反映工作本质——最重要的事情，每个服务业从业者工作角色中最关键的方面。

第二，它始终是自发的。员工"选择"勇敢地提供卓越服务。

第三，勇于提供卓越服务没有额外花费。

想一想本章之前提到的红罗宾汉堡店的服务员。像所有餐厅服务员的工作角色一样，它由两部分组成：工作职责和工作本质。当服务员回答关于点餐的问题或者为顾客上菜时，他们在通过表现与工作角色相关的职责来执行工作职责。但是当服务员们为丢了自己积蓄的八年级小男孩主动捐款时，他们就是在通过勇于提供卓越服务来表现工作本质。

餐厅服务员们必须回答顾客关于点餐和上菜的问题，但是那个服务员通过联合同事筹款募捐来勇敢地提供卓越服务的行为却是自发的。他不是必须组织捐款，并且大多数的餐厅服务员也没有这么做。

红罗宾汉堡店的服务员通过组织筹款来提供勇敢的服务行为需要花费多少钱？没有额外的花费。

勇于提供卓越服务是应对特殊情况时采取的行动。勇于提供卓越服务是要依情况而定的，它与这本书中介绍的众多非凡客服行为都不相同。当情况真的出现时，无论是不是企业或员工的过错，员工们表现出要勇敢地提供服务来解决客户问题是非常重要的。

从平庸到卓越

√ 勇于提供卓越服务就是要更进一步，超越客户能够预期的既定客服角色。

√ 无过错的勇敢服务行为是在企业和客服人员没有任何过错，以及客户也没有预料到的情况下，针对偶发情况为现有客户或潜在客户服务。

√ 有过错的勇敢服务行为是应对由企业和客服人员引发的问题来为现有客户和潜在客户服务，他们的修正措施往往是客户们可以预料到的。

√ 对待客户的问题要像对待自己的问题一样。不要忽略问题或把责任推卸给客户，而要承担自己的责任，在迅速为客户解决问题时要表达出真诚的关心。

√ "眼光敏锐的"客户并不是"挑剔的"客户。很多时候，客户抱怨是因为他们的预期没有得到满足。这并不是他们难以取悦的标志，这只是一个信号，说明他们注意到了他们的预期与他们最终得到的之间的不同。

√ 用特殊客户服务来应对特殊情况。当问题或误会产生时，不要退缩，不要认为客户在挑剔或提供错误的信息，要把特殊情况看作是为客户提供卓越服务的机会。

√ 认识到每个客户都是不可取代的。当他们选择不再光顾，企业就失去了客户对自己生意的终生贡献，其中就包括未来消费、反馈和成为推荐人。

√ 勇于提供卓越服务反映工作本质——最重要的事情，每个服务业从业者工作角色中最关键的方面。

√ 勇于提供卓越服务始终是自发的。员工"选择"去勇敢地提供卓越服务。

√ 勇于提供卓越服务几乎没有额外花费。与客户的终生价值相比，任何可能发生的费用都是可以忽略不计的。

☞ 将勇敢的服务行为付诸实践

在下面的空白处记录下一些案例，看看你是如何运用本章的概念去提高你所提供的客服质量和影响的，如何从平庸到卓越！

平庸	卓越
建议客户将受螨虫危害的草坪耙掉并重新播种。	派技术人员到客户家中将受螨虫危害的草坪耙掉并重新播种。
●	●
●	●
●	●
●	●

| 第三部分 |

将工作本质
融于工作职责

CHAPTER 9

第 9 章

从平庸到卓越

想从平庸到卓越，你必须要做一些与众不同的事。平凡的生意会产生平凡的结果：来自冷漠、平凡员工的制式化的客户服务。有太多企业都因为提供了平庸的客户服务（甚至更糟）而臭名昭著；有太多的员工都满足现状，拒绝再用点心思服务他人，并把每位客户都当成是最后一位。

在第 1 章中我强调，我们作为客户总是遇不到卓越客服的原因是卓越客服是自发的。确实如此。为了能够与众不同，就需要采取主动，而不仅仅是装模作样。这需要慎重的选择。它是有选择的、可选择的、能自由支配的。员工们不是必须要将平庸的客户服务提升为卓越客户服务，并且大多数人也没有这样做。

尽管做生意有它的复杂性，但客户服务并不是其中之一。员工们对于客户服务形成了自己的定义并且自己决定如何看待客户：客户是令人尊敬的、为企业带来成功的贡献者，还是寻求最划算买卖、变幻无常的对手。但大多数客服人员还没有有意识地做出提供卓越服务的选择，结果他们对客户服务和客户都表现得很冷漠。

他们为什么还没做出有意识的选择呢？因为没有人要求他们这么做。在大多数情况下，甚至没有人提起这件事。结果，客服人员轮班时从事着强制的工作职责，他们有义务完成这些工作职责，但几乎没考虑过背后的工作本质，他们工作中最重要的事情——使客户愉快。

通常情况下，员工对客户冷漠时，他们往往没意识到这一点，而且他们中的大多数人可能都认为自己的客服质量是非常棒的。就拿这位行李员来说吧，我们都叫他"菲尔"，下面的故事就是关于他的。（尽管"菲尔"这个名字是虚构的，但这个故事却是真实的，并且太过于常见。）

🔖 案例学习

冷漠的行李员

几年前的夏天，我和家人们到内布拉斯加州的林肯市旅行，参加家庭聚会。在林肯市，我们住在市中心一个提供全方位服务的酒店。我们到酒店时，从车上将好几个行李箱放在酒店门前的人行道上。几分钟后，菲尔一句话都没说就从我们身边走过，从人行道进入酒店的大厅里。

我和妻子都以为他会找一辆行李车来帮我们搬行李。他没有回来，我走进酒店，发现菲尔正站在大厅里。当我看着他时，他问道："我能帮你拿行李吗？"我已经很恼火了，因为我不得不去找他帮忙，尽管他清楚地看到我们的包放在人行道上。

倘若我们得到了帮助，我们不会感觉到被忽略了，但我们确实感觉菲尔对我们态度冷漠，就好像我们"只不过是另一些入住的人"。并不是在我们登记入住的其他环节他做错了什么，他只是错过了一些机会来预期我们的需求以及给我们留下持久而积极的印象。

例如，我的儿子抱怨他的背包太重。我把儿子的背包拿下来挂在行李车上时菲尔就站在那里。一分钟后，当我回到车上去取冷藏箱时，我妻子带着一群孩子进入大厅给他们拍合影。后来她和我说，她本来希望菲尔帮他们照张相，这样的话她也能出现在照片里了。对菲尔来讲他又失去了一次主动表现的机会，提供照相服务。

当我们到达房间时，菲尔只是把行李放在门口，拿了小费就向我们进行例行公事的告别："祝您住得愉快。"

菲尔还错过了其他提示，这些提示能使他展现出平凡的登记入住流程与卓越客户服务的不同。尽管冷藏箱、旅行婴儿床、红酒袋这些都是看得见的提示，但他对于这些事物代表着的任何服务机会都表现冷漠。在他离开后的十分钟里，我从冷藏箱中取出冰，打电话给客服要了一套床单铺在旅行婴儿床上，然后又去找了几个玻璃酒杯。

错过了这么多机会，营造客户至上的卓越客服体验的潜力就逊色不少，留给我们的只是平庸的、难以记住的流程化的交易过程。这种事情经常发生，很多客服人员陷入单调乏味的状态中，对待"每个客户都是最后一个"。这么做时就把每个客户都看成是一桩交易，或者在我们的案例里，就是"另一些入住的人"。

将菲尔的平庸客服与第 2 章中提到的网球陪练马特·普雷维迪提供的卓越服务相比较，马特表现出服务是个动词，正因如此，它需要行动和努力，这必须要表现出来。而菲尔错过了一些机会，马特却通过采取主动对我表现出真诚的关心而抓住了这些机会，这可能就是区分卓越服务与平庸服务的唯一决定性因素。因为主动，马特剪断我的球拍线并用他所代言的 SOLINCO 牌网球线帮我重新给球拍穿线，在他的影响下我买了三副网球线，为他创造了本不存在的 111 美元销售额。

一些管理者可能会说："如果我们有了像马特一样积极的、表现主动的员工，我们也能够提供卓越服务。但事实是我们不得不接受那么多的'菲尔'，他们很满足于走过场，提供平庸服务。"

首先，没有那么多"马特"或"菲尔"。这世上只有一个"马特"、一个"菲尔"。每个员工都是像这样的独特个体，有着不同的个性、风格和潜力。马特和菲尔出现在招聘办公室的那一刻，他们独特的行为趋向和特征就已形成，他们就是他们。（员工选择并不在本书的范畴里，但我必须说明，那些因卓越客服质量而闻名的老板投入了大量资金在未来员工的选拔工具上，它们能够筛选出具有主动性和其他特质的员工作为高端客服的补充。）

除了员工选拔，还要认识到企业，尤其是顶头上司的影响在规范员工客服质量方面也是十分关键的。这一切都始于了解为什么平庸服务随处可见而卓越服务却少之又少。

☞ 为什么平庸服务随处可见而卓越服务少之又少

你上一次取干洗衣物或三明治却没有拿到发票是什么时候？现在，再想一想你上一次接受服务却没有得到微笑是什么时候。我猜你得到的发票一定比你得到的真诚的微笑、眼神交流、员工递给你发票时热情洋溢的声音多得多。

原因很简单，与工作职责有关的协议和流程能创造出可靠的收入。开设一个支票账户是一个流程；清理宾馆房间是一个流程；有时通过机场的安检关卡也是一个长时间的流程；当然还有大多数可靠的流程帮你产生每月的电子账单。

执行工作职责总会产生可靠的收益，这毫不稀奇。员工们遵循规定好的流程，他们对相关的步骤和顺序有着强烈的意识，这些步骤和顺序都在文件中有着详细的记载。员工们参与培训就是为了能够准确地执行这些流程中规定的强制的工作职责。对于成功的期待是很明显的，员工们可能得到对于他们表现的反馈，并从管理者的示范中得以强化。

尽管如此，员工表现工作本质的倾向要依靠员工参与。这就解释了为什么即便是在服务口碑好的企业里也有可能遇到令人失望的客户服务体验。卓越的服务要靠客户与客服人员一对一的互动来实现。

执行与工作角色（工作职责）相关的义务或职责可以不管相关员工是谁，但卓越服务（工作本质）的表现却与提供服务员工有关。

为什么平庸服务随处可见

当银行的职员为新客户开支票账户时，几乎不会遇到问题；宾馆房间要参照宾馆标准进行清洁；全世界的机场安检站都是乘客自行通过的。当然也一定会产生大量的电子账单。

不论参与进来的员工是谁，这些流程中的每一个环节都能顺利运行的原因是：

√ 员工明确地知道工作职责：他们所肩负的职责、任务和流程，尤其是像处理支票账户的兑现、其他与合规相关的程序的关键流程。

√ 很可能有清单、政策、流程、服务模式等形式相关的文件来支持工作职责的成功执行。

√ 员工们可能为成功地执行这些流程而接受过培训（有时很普遍）。

√ 恰当的执行形成文件的流程是强制性的，这是员工们拿薪水的理由。

√ 管理层对员工的成功有一个清晰又有依据的期待。

√ 如果员工们确实从他们的顶头上司那里得到了反馈，这个反馈很有可能是关于如何正确执行工作职责的。

√ 员工们经常从他们的顶头上司（不管涉及的主管是谁）那里得到正确执行程序的示范。

为什么卓越服务少之又少

银行员工、酒店客服、运输安全管理局人员和其他各行各业的服务人员可能一直都在很好地执行着工作职责，但他们可能有时没有微笑、没有眼神交流，说话有气无力或者没有用任何方式在接待客户时表现出工作本质。

工作本质表现不一致的原因是涉及的员工不同。如果客户遇到了一个卖力的员工真心提供服务，那么他很有可能会得到很好的服务。但是，如果他遇到一个对客户冷漠、无动于衷的员工，那么他就可能会感到失望。

员工们总是不能够表现出工作本质的原因有：

√ 很多员工没有意识到工作本质。

√ 没有文件告诉员工如何长期表现出工作本质。

√ 员工们几乎不会接受持续展示工作本质的培训。

√ 工作本质的体现是自发的。员工们不是必须表现出工作本质，并且他们大多数人也没有这么做。

√ 由管理层提出的与工作本质相关的期望没有文件形式的保障，并且管理层对工作职责的期望也不够清晰。

√ 如果员工们从他们的顶头上司那里得到反馈，那么这些反馈都几乎与表现工作本质无关。

√ 员工们可能有时从他们的顶头上司那里也没有看到工作本质的体现。这完全取决于主管个人的表现。

总是能提供优质客户服务的企业了解工作职责与工作本质之间的区别，它们没有把卓越客户服务看作是偶然行为，而是将卓越客户服务变得正常化，让它不再只是个例外。

☞ 如何将服务质量从平庸提升到卓越

大多数管理者都希望员工们能够提供卓越服务，并且一些管理者也要求员工这样做。尽管如此，你不可能通过强迫或命令来要求员工满足客户的需求，并取悦客户从而提供卓越服务。但是你今天可以采取一些具体行动帮你的员工做好提升他们服务质量的准备，使他们从平庸到卓越：

√ 让你的员工给你描述一下工作职责。

√ 和员工分享本书中的重点经验和概念。

√ 认同你的员工的工作角色的全部内容。

√ 提高并强化标准和期望。

√ 在可能的时机将工作本质融入工作角色。

让你的员工给你描述一下工作职责

在第 1 章中我说过，在任何企业中，提高客户服务意识和改善服务质量的第一件事就是向员工提问题："你能从你的视角给我描述一下你认为你做了什么，以及你的工作需要你做什么吗？"

如果各行各业的管理者都向员工提出这个问题，那么很有可能你得到的回答都只是关于工作职责的，几乎不会有员工提到与工作本质相关的行动或行为。

例如，如果一位健身俱乐部的经理让前台接待员描述一下她的工作职责时，她的回答可能只会包括问候会员、刷会员卡、接电话、登记会员课程信息和接受付款。既然她的概念中一切都是关于工作职责的，那么这就给了这位经理一个机会来为他之前对她的工作要求讲解不全面而向这位员工道歉。

然后，这位经理可以提出，除了职位要求的工作职责以外，她还有责任让客户感到受欢迎、增强归属感，以及促进会员间关系。对大多数健身俱乐部的员工来说，所有这些与工作本质有关的责任的目的是培养俱乐部的推荐人。健身俱乐部成功与否，除了会员的会费和其他收入，主要是基于会员的忠诚度，以及是否愿意将健身俱乐部推荐给其他人。

会员卡要刷，同样地，电话也要接。健身俱乐部的生意是否兴旺的最终决定因素还是会员们是否感到受欢迎、是否享受到归属感、是否与其他会员建立联系。这就是成功的健身俱乐部能够成为会员们上班前后聚会的舒适场所并且经常举办社交活动的原因。这些健身俱乐部知道会员们很容易就会被吸引去一家离自己住的地方近、有更多设施、每月会费更低的俱乐部，阻止他们与其他俱乐部的会员和职员们建立联系就更难了。

这种意识可能会导致前台接待员在一位会员表示愿意签署一份运动协议时表达出真诚的赞美和认可，而并不仅仅是给予客户问候以及刷他的会员卡。甚至前台接待员不仅为这位会员登记即将开班的普拉提课程，她可能还会与她分享关于教练的独家信息："你会爱上凯伦的！她与别人合著了一本关于普拉提运动的书，对于此项运动她十分专业。她的课程很受欢迎，所以我们在原有的课表上又加了两节她的课。"

和员工分享本书中的重点经验和概念

管理者们可以采取的另外一个提升客服质量，使之从平庸到卓越的行动是与员工们分享本书中的重点经验和概念。成功改变行为的第一步就是形成意识。员工们不了解他们不知道什么。

下面的信息包括了本书的关键经验和概念。

√ 工作职责 vs 工作本质：工作职责指的是与工作角色有关的责任或任务。工作本质是服务业人员工作角色的关键方面，是工作中的最重要的事情。对于大多数服务行业从业者来讲，他们工作的最重要的事情就是要培养推荐人。

√ 推荐人：指的是一种客户，他们有较低的价格敏感度、较高的回顾率，并且对于企业或品牌的正面口头宣传的 80% ～ 90% 都有贡献。

√ 卓越服务的三个要义：第一，它反映工作本质；第二，它始终是自发的；第三，它不比提供平庸服务花费得多。换言之，它是不需要花钱的。

√ 7 种简单方式提升客服质量，使之从平庸到卓越：第一，表达由表的关心；第二，给予真诚又特别的赞美；第三，分享独家信息；

第四，表达真实的热情；第五，运用恰当的幽默；第六，制造惊喜；第七，勇于提供卓越服务。

认同员工的工作角色的全部内容

想要提高客服质量，管理者们必须认可工作本质的意义，就像他们认同工作职责的重要性一样。为了实现这个目标，他们必须思考一下他们目前为了推进工作职责的成功执行所做的一切。如果可行，也应该为工作本质做同样的努力（参见图 1-1）。

因为管理者们往往只关注工作职责，所以大多数员工也只意识到他们工作中执行这一方面的责任以及在这方面所获得的利益。这导致了以下结果：

√ 工作职责往往有很多构成需要员工们为之负责。这种构成由政策、步骤、协议、清单和目前最好方案组成。这些都会被书面记录下来存档，用于支持新员工培训和保持一致性。

√ 换班前和部门会议的典型议程往往都是和员工的工作职责有关的话题。工作重点会偏向人们关注的方面，并且管理者们在工作职责方面都投入很多关注，很自然地员工们就会将自己的工作重点引向管理者们所关注的方面。

√ 员工们在日常工作中要对工作职责的正确执行负责。当偏离了被认可的标准操作程序时，员工们就会意识到差异，于是调整他们的表现。如果他们不愿意或者无法符合这种标准，他们就需要重新接受培训、重新定岗，甚至被企业解雇。

√ 这些工作职责常常是竞赛或奖励的考核标准（例如，注册最多的项目忠诚会员、售出最多的红酒、最少的错运行李投诉）。这同样提升了工作职责在员工们脑海中的意义。

√ 管理者们经常通过示范来强化正确执行工作职责的意识。因为管理者们都是从员工们所处的同样的体系当中被提拔或培训出来的，他们大多数人都具有正确执行工作职责的技术和知识。

另一方面，工作本质反映出员工的积极性。员工们往往不大清楚他们的工作角色包括什么内容，因为他们主要关注工作职责。为了将工作本质融入员工的工作中，管理者们必须做到以下内容。

√ 增加工作本质的构架。通过像企业自然记录工作职责一样记录工作本质，可能会使人们注意到工作职责和工作本质的一些相同之处，例如企业存档，支持新员工培训以及保持一致性。

√ 花大量时间交流工作本质的重要性。换班前和部门会议的议程都应该包括与员工工作本质有关的话题。管理者们必须注意到工作重点会偏向人们关注的方面。员工们会将工作重点偏向管理者们关注的方向。

√ 让员工持续执行工作本质。当偏离了被认可的表现标准时，像工作职责一样，员工们就会注意到差异，于是调整自己的表现。如果他们不接受或者无法符合这种标准，他们就需要重新接受培训、重新定岗，甚至被解雇。

√ 认可工作本质，让它成为竞赛和奖励的考核标准（例如，客户满意度、再次购买意图、推荐意图、客户维护或续约率）。这也会提升工作本质在员工脑海中的意义。

√ 管理者们经常通过示范来强化正确执行工作本质的意识。这需要管理者们有意识地落实本书所强调的行为来提高员工们的服务质量，并给客户留下持久而积极的印象。服务是个动词。正因如此，它需要审慎地行动。

很多管理者都承担着在现有预算内实现最大利润的经营任务。为了能够实现这个目标，他们往往会监督与一两个工作角色相关的一系列既定工作职责的执行。这并不是问题所在，问题是管理者们此时只关注工作职责而忽略了工作本质。

很多企业无意中创造了一个破坏了客服质量的体系或流程。也许最常见的就是客服中心了，员工们的工作评价基于他们接电话的数量以及结束通话的速度。在这种环境下，员工们条件反射般地将每个电话都看作限时交易而不是服务客户的机会。

由于这些太过于目光短浅，在工作场合只注重工作职责体系的存在，即便是在为客户服务时工作被顺利完成也毫无新意。无论员工们是否选择表达由衷的关心，传达真诚的热情，制造惊喜或用其他一些方式来取悦客户，他们所体现的工作本质往往都是偶然的。

管理者们可以通过设计服务客户的体系或流程，而不是让客户沮丧，以此来抵消这种不确定性，还可以通过强化工作职责和工作本质来和员工交流工作的全部内容，通过语言和行动来管理员工的表现，使卓越的客户服务日常化。

提高并强调标准和期望

在你期盼着提高客服质量之前，你必须首先提高标准和预期，当然，除非你的企业已经将没有得到持续执行的产品和服务质量的高标准写进文件。

卓越客服绝不是愉快的意外，而是有意和设计的结果。这需要管理者做出审慎的选择，例如科尔士百货公司（Kohl's）决定为所有购买者提供"无条件"退货政策，或者在 1-800-PetMeds 线上宠物药店上给每个下单的主人提供免费的美味狗饼干来带给他们惊喜。同样，顾客在美捷步不太可能会遇到没人接电话的情况，在诺德斯特龙也不会遇到一个冷漠的销售员，在美国迪士尼的主街上也不大可能会看到一个不知是谁扔的餐巾，这都不是偶然的。这些企业在之前就定下了很高的服务标准，并且它们的员工也清楚地意识到了这一点。员工们必须意识到他们的工作职责和他们工作的最高目标都是让客户产生愉悦的体验。

大多数企业都有员工尊重且适合的标准和期望。不幸的是，由于管理层的漠不关心和长时间缺乏执行力，这些标准的弱化使员工们变得冷漠，对客户表现出漠不关心。

你是否曾经注意到对客户表现冷漠的员工，在区域经理出现时马上提起了精神？例如，零售店的售货员总是毫无顾忌地发短信，在商场门口抽烟，当着客户面抱怨或者说笑，但是紧张地给地板打蜡、擦亮皮鞋、熨好制服为部门领导事先安排好的视察做足准备。

可能是因为大多数员工都接触不到部门领导，因此和他不熟悉吧。当然，他们可能知道他的名字，但是不至于熟悉到在他出现时放松他们的警惕的程度。但这并不适用于客户，因为一线员工总是在与客户接触。无论他们是否认识某个客户，他们总体上都会有对客户熟悉的感觉。太舒服、太熟悉就会产生轻蔑（缺乏尊重），就会认为这种关系是理所当然的。

员工们不是不知道更优质的客户服务是什么以及如何做到，他们知道。当他们的部门领导出现时，他们总是能够表现出他预期的行为。问题是很多员工好像对客户无动于衷，好像在说："哦，你就是个客户。有那么一下子还真以为你是像部门领导那么重要的人物呢。"

我把在零售店里经常观察到的员工行为分成三类：发短信，在商场门口抽烟，当着客户面抱怨或者说笑。这些行为都是习惯性的，它们经常发生。尽管如此，当部门领导来到现场时，这些行为却不会发生。

最好的运营是在部门领导在的时候和不在的时候，服务客户都没有区别。当然，部门领导的出现可能会带来稍许紧张，这是很自然的，但是企业对于员工表现的高标准和预期在没有高管视察时也不应打折扣。

诺德斯特龙作为一个零售商中的典范，无论是顾客光顾还是总裁布莱克·诺德斯特龙（Blake Nordstrom）光顾，员工都很有热情。我上次光顾诺德斯特龙时，一个男装部的员工带我走到女装部来帮我的妻子挑选雨伞。当我们回到男装部时，我决定买一瓶古龙香水。那是一次冲动购物。我没计划要买，要是没有他的卓越服务，我是不会买的。

各地的部门领导都有一个任务：如果他们真的想要知道他们的店是如何运营的，他们应该在周末不声不响地戴着棒球帽、穿着牛仔裤光顾店面。目的不是说"抓住了"或让任何人尴尬。他是去观察，然后记住自己所看到的——既有好的一面也有坏的一面。

假设他上一次正式视察和这次偶然拜访间有一点差别（也可能是很大差距），他应该采取行动建立和强化能够引导员工行动的可靠标准。他应该确保每个负责人都能意识到这个标准并积极地用它来管理员工的表现。也许最重要的是，他应该时刻让负责人负责示范这些标准。如果他们不这样做的话，这个标准就不再可信并且不能被执行。

尽管在工作中员工的个人表现是由自己负责的，但领导者也要负责提高和加强标准及期望。当员工发现他的顶头上司正在示范和强化这些标准时，他也会有类似的表现。最终，员工就会意识到，对客户表现冷漠或无动于衷是不被允许的。这样他就再也不会随意给朋友发短信，在商场门口抽烟，当着客户面抱怨或者说笑了。相反，他会用对待部门领导一样的殷勤、尊重和紧迫感来对待客户，并且他的客户也会注意到。

在任何可能的时机将工作本质融入工作角色

对于企业来讲，确保员工像执行工作职责一样执行工作本质最有效的方式就是将前者与后者相结合。尽管做起来容易，但做好很难。

按照规章制度办事和强制向客户问好显然是在工作职责（问候客户）中实现工作本质（表达对客户由衷的关心）的一种有效方式，但情况并非都是如此。当我想到无效问候时，我想起了墨菲老爹比萨店。离我家最近的那家店的员工们想要用行动表现出他们欢迎客人到店里来，但由于问候是事先设定好的、强制性的，实际上它对客户的影响已经被忽视了。

当我到墨菲老爹比萨店里为家人取比萨时，柜台后的服务员听到门铃响就会说"欢迎光临墨菲老爹"。但是，他们甚至都懒得从他们正准备的比萨上移开，抬眼看一下顾客。结果，他们的问候无法让顾客感到受到欢迎的诚意。这说明了工作本质是如何像工作职责一样被标准化的（通过强制标准化的问候）。当然，危险的是依赖标准化的行为举止让顾客吃惊，而忽略了企业工作本质通常应具备的自发性。

这样的事情就发生在丽思卡尔顿酒店。在顾客说完话后，几乎每个他们遇到的员工的回答都是"荣幸之至"。起初，这让人觉得新鲜又独特，这样既表现出专业性也表达了对顾客由衷的关心（工作本质）。但是时间一长，它就变得有些刻意，因为这在顾客的预料之中，失去了它的特色和魅力。

现在，为了能够表现得更加真诚并有自发性，丽思卡尔顿酒店鼓励"存在之道"而不是"做事之道"。它鼓励员工对于客人的要求给出不同的回答（例如，"荣幸之至""完全可以""马上""当然"），发现这些回答总是比"没问题"更受欢迎。

还有一些企业也有效地结合了工作本质和工作职责。例如，在丹佛市中心有一家餐厅，只要在那里点两个以上主菜，就提供一碗免费的虾仁沙拉。很多其他的店会以同样的方式提供免费面包，但是提供面包太传统、平凡、平常，易于让客人预料到，而一碗免费的虾仁沙拉（尤其对于第一次光顾的客人）却很独特、新鲜、意外。将一碗免费的虾仁沙拉摆到桌上是一项工作职责，就像提供水或面包一样，却反映了工作本质——制造惊喜。

在巴哈马工作时，我来到天堂岛的亚特兰蒂斯酒店的熟食部买烤牛肉三明治。当我点好餐后，我对服务员提到三明治是我第二天的午餐。服务员确认了我点的三明治的面包类型和其他特征后，她就消失在厨房方向。等她回来时，她带给我所点的餐品，并说她花了点时间包装。她把所有的调料都单独封在了真空袋里保鲜，并分开放置，可以在第二天中午吃的时候再把它们混在一起。

如果这是餐厅为第二天用餐的客人配餐的规定（工作职责），那么就是服务员的工作本质（表达由衷的关心，制造惊喜）可以体现在工作职责中。现在，我怀疑这可能不是熟食店的标准制度，更可能是我遇到了一个主动性强的员工，她选择了对我表达由衷的关心，满足我的需求，并成功地为我制造了惊喜。

去年我与一个客户共事，他是波士顿万豪酒店码头店的总经理，维克托·阿拉戈纳（Victor Aragona）。他注意到，尽管他的员工们都很友好，但是酒店伙伴（万豪酒店对员工们的称呼）经常会形成小团体，并聚在一块开玩笑。有些人会背对着客人，有些人还把手插在兜里。这让维克托很困扰，因为他知道第一印象的力量。（纽约大学的研究员发现，我们在见面的前 7 秒内就会对彼此做出 11 个重要决定。）

同时，维克托也承认伙伴们大都做了自己应该做的事。例如，前台接待员会走出前台来接待大厅里的客人，询问他们一些关于入住的问题，指路，回答关于酒店设施、本地景点和餐厅的相关问题。接待员做了所有这些事情。

维克托和他的管理团队开始意识到每个伙伴的工作都由两部分组成：工作职责和工作本质。他们意识到，伙伴们在执行工作职责方面都很称职。维克托和管理团队认为机会在于伙伴们工作角色的第二部分：这部分在雇用和入职时就交代过了，但是在工作说明和管理反馈上却被忽略掉了（两者都将关注点放在工作职责上）。管理团队决定要关注每个伙伴的工作角色的全部内容，既包括工作职责也包括工作本质。

伙伴们已经很好地意识到了自己的工作职责：做什么和怎么做。这些在他们的工作说明中已经完全涵盖了，这一点在他们的岗前培训中也在他们从顶头上司得到的专项反馈中被加以强调。但伙伴们却没有意识到他们的工作本质：他们为什么做。管理团队采取的第一个具体行动就是在每项工作说明后面增加备注来强调对伙伴们的行动期望。

文件的第一条就陈述了员工的首要任务——"为所有客户提供积极的客服体验"。显然，准确有效地执行工作职责能够更持久地为所有客人提供积极的客服体验，并且伙伴们对这方面的责任和任务也很熟悉。但仅仅扎实地执行工作职责是不够的，备注也着重强调了一系列员工们要避免表现出的行为。

伙伴们尽量不要组成小团体说笑，不要背对客人，不要把手插在兜里，不要倚靠墙，遇到客人时不要忽视他们。相反，伙伴们要尽量通过微笑、眼神交流、热情表达、称呼客人的名字和其他关注客人的行为来对客人表现出由衷的关心。既然这些已经在每个伙伴的工作说明的备注中被强调并被记录下来了，那么意识和责任就应该呈现出一个新水平。

现在，伙伴们不仅会听到主管们说"记住要表现出自信的待客之道"（通常在先整体强调伙伴们的工作职责后），还必须亲自指出什么才是"自信的待客之道"。伙伴们现在有了一个具体的参考，它强化了酒店的领导层对他们的行为期望。

这有什么不同？正如维克托所说："通过六个月的贯彻、强调对伙伴们的行为期望，我们酒店客人的满意度从 67.4% 提升到 88%。由于客人满意，我们的资产跻身于我公司酒店资产的前 50 强。"

· · ·

读完这样一本书你会很自然地想要提高你所负责区域的客服质量。很多时候，这需要与客户最接近的一线工作人员合作。

一个管理者的第一反应可能就是改变员工行为来使之符合本书所强调的卓越客服的行为。他可能会想："如果我的员工更习惯于表达由衷的关心、分享独家信息、制造惊喜就好了，那样我的客户满意度就会提高了。"

意识是非常重要的第一步，只改变行为是不够的。行为改变是复杂的，受到很多不受员工和管理者控制的因素影响，例如一个人对反馈的接受度、改变的快慢程度和热切程度，或者经理及企业本身的信任程度。管理者们也许能够通过表示同理心、移除障碍、给予反馈和其他行为方式来影响这些因素，但他们最终无法决定这些因素，是否改变的决定只能由员工自己做出。

改变那些不受你控制的人（不是受你影响，是受你控制）是困难的（改变自己就够难了），但改变那些你能控制的因素就容易得多了，就像维克托和他的管理团队通过制定一套详细的行为期望示例作为现有工作说明的补充那样。除了改变预期，管理者们也可以改变：

√ 意识

√ 事情的优先级

√ 制度

√ 行为标准

√ 结果

√ 标准运营步骤

√ 流程和服务模式

√ 目标陈述

√ 管理者的自身行为（示范）

正如你所见，管理者们可以改变很多影响员工行为的因素且不会浪费他们自己的时间。设想一下，如果他们努力的时间够长，他们就能够改变他们的员工。把他们的努力专注于改变这些因素可以使他们的时间得到更好的利用，如果做得好的话，客服质量就会得到持久且迅速的提高。

为了使本书中提供的经验发挥作用，提升客服质量，延续卓越客服文化，这需要企业各层领导致力于帮助员工区分工作职责与工作本质，根据这种区别来管理员工的表现，提升标准，强调期望，并可以将工作本质与工作职责相结合。

这样做会使员工活力四射，对客服质量产生快速积极的影响，为企业和品牌找到推荐人，并使企业走上从平庸到卓越的提升之路！

从平庸到卓越

√ 不管涉及的员工是谁，工作职责也能执行；工作本质与工作职责不同，它与所涉及的员工是谁有关。

√ 企业的目标应该是使卓越客户服务日常化，这样它就不会成为例外了。

√ 想要提高客服质量，管理者们必须要像目前强调工作职责的重要性一样强调工作本质的意义。

√ 由于目光太过短浅，在工作场合只注重工作职责，即便在为客户服务时完成了所有工作职责也毫无新意。

√ 你期望提高客服质量，在此之前，你必须首先提高标准和期望。

√ 卓越客服从来就不是企业偶然碰到的，往往是有意识设计的结果。

√ 最好是部门领导在的时候和不在的时候，员工服务客户没有区别。

√ 确保员工像执行工作职责一样执行工作本质最有效的方式就是将前者与后者相结合。尽管做起来容易，但做好却很难。

√ 改变那些不受你控制的人（不是受你影响，是受你控制）是困难的，但改变那些你能控制的因素就容易得多。能控制的因素包括意识、事情的优先级、制度、行为标准、结果、标准运营步骤、流程和服务模式、目标陈述、管理者的自身行为（示范）。

☞ 将工作本质融于工作职责

在下面的空白处记录下一些案例，看看你是如何运用本章的概念去提高你所提供的客服质量和影响的，如何从平庸到卓越！

平庸	卓越
给员工们提供工作说明，强调与工作角色有关的职责和任务，帮助他们明晰工作职责。	给员工们的工作说明增加附录，强调行为预期来明晰他们的目的，帮助他们确定工作中最重要的事情。
●	●
●	●
●	●
●	●